조지와
풀 수 없는
암호 ②

BOOK 4: GEORGE AND THE UNBREAKABLE CODE
by Lucy and Stephen Hawking
Copyright © Lucy & Stephen Hawking, 2014.

Illustrations by Garry Parsons
First published as 'George and the Unbreakable Code' by Random House Children's Publishers UK, a division of The Random House Group Ltd.
All rights reserved.

Korean translation copyright ⓒ 2018 by RH Korea Co., Ltd.
Korean translation rights arranged with Penguin Books Ltd.,
through EYA(Eric Yang Agency).

이 책의 한국어판 저작권은 EYA(Eric Yang Agency)를 통해
Penguin Books Ltd.사와 독점 계약한 (주)알에이치코리아에 있습니다.

저작권법에 의하여 한국 내에서 보호를 받는 저작물이므로 무단 전재와 복제를 금합니다.

스티븐 호킹의 우주 과학 동화

조지와
풀 수 없는
암호 ②

루시 & 스티븐 호킹 지음 · 고정아 옮김

주니어 RHK

 ## 등장인물 소개

조지 그린비 호기심 많고 영리한 소년. 어느 날 애완 돼지 프레디가 울타리를 뚫고 도망치는 바람에 괴상한 이웃 에릭과 그의 딸 애니, 슈퍼컴퓨터 코스모스를 만나게 되고, 그들과의 모험을 통해 과학의 중요성을 깨닫는다. 첨단 제품이 가득한 집에서 교수 아버지와 전문 직업인 어머니와 사는 애니를 부러워한다. 어른이 되면 사람이 아닌 로봇과 함께 살고 싶어 한다.

테렌스와 데이지 조지의 아빠와 엄마. 조지에게 안전하고 건강한 환경을 만들어 주기 위해 모든 옷을 손으로 빨고 직접 재배한 농작물로만 음식을 만들어 먹는 열혈 생태 환경 운동가. 쌍둥이들의 육아로 정신없는 하루하루를 보낸다.

헤라와 주노 조지의 쌍둥이 여동생들. 쌍둥이가 태어난 뒤로 조지네 집은 그야말로 전쟁 통이다. 말썽도 많이 부리지만, 조지에게 끈끈한 포옹과 질척한 뽀뽀를 퍼붓는 사랑스러운 아이들이다.

애니 다방면에 관심이 많은 조지네 옆집 소녀. 최근에는 아이돌 그룹 언디텍션에 빠져 있다. 아이큐가 152로 머리가 좋지만, 맞춤법은 자주 틀린다. 웬일인지 학교 중간 방학 숙제에 열심이다.

에릭 애니의 아빠. 슈퍼컴퓨터 코스모스를 만든 천재 과학자이지만 착한 성품 때문에 함정에 곧잘 빠진다. 과학에 대한 열정과 학식이 대단하며 과학 이외의 것들에는 무신경한 편이다. 양자 오류 탐지를 연구하던 도중 전 세계에 사이버 테러가 일어나자 대책 회의를 하기 위해 떠난다.

 **수잔** 애니의 엄마. 음악 선생님이었지만, 애니가 조금 크자 본래 직업인 전문 연주가로 돌아갔다. 오케스트라와 함께 연주 여행을 자주 다닌다.

코스모스 우주의 문을 열어 주는 세상에서 가장 뛰어난 컴퓨터. 가끔 잘난 체가 심해서 얄미울 때도 있지만 정의와 의리를 지키는 소중한 친구다. 최근 감기에 걸린 뒤 어딘가 이상해 보인다.

베릴 와일드 에릭과 친한 수학자이자 암호 해독가. 제2차 세계 대전 당시에 에니그마 암호를 해독하여 수많은 목숨을 구했다.

이봇 에릭을 모델로 만든 안드로이드 로봇. 에릭과 겉모습은 물론 지문 같은 생체 특징이 같아서 어떤 기계들은 둘을 잘 구별하지 못한다. 원격 조종 안경과 촉각 장갑으로 이봇을 제어할 수 있다.

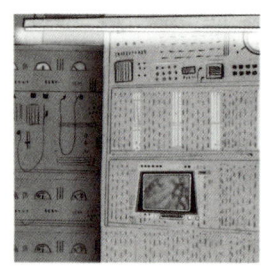
구형 코스모스 최초의 슈퍼컴퓨터. 폭스브리지 대학 수학과 건물 지하실에 있으며 크기가 거대하다. 작년 주주빈 교수가 사악한 계획을 품고 과거로 돌아가는 데 구형 코스모스를 사용하려 했었다.

알리오스 메라크 자신을 신이라고 생각하며 세계를 구원하고 있다고 믿는 인물. 위아래가 붙은 우스꽝스러운 놀이복을 입고 있다. 양자 컴퓨터를 이용해 전 세계 컴퓨터를 해킹하여 암호를 풀고 세상을 혼란 속에 빠뜨렸다.

 **차례**

등장인물 소개 ⋯ 4

9장 ⋯ 9

10장 ⋯ 36

11장 ⋯ 43

12장 ⋯ 58

13장 ⋯ 69

14장 ⋯ 78

15장 ⋯ 97

16장 ⋯ 112

17장 ⋯ 138

18장 ⋯ 156

19장 ⋯ 172

감사의 글 ⋯ 196

옮긴이의 글 ⋯ 198

9장

다음 날 애니는 아침 일찍 노트북 컴퓨터 가방을 가슴에 둘러메고 조지의 집 뒷문 앞에 나타났다. 하지만 혼자가 아니었다. 뒤에 이웃이 온화한 미소를 짓고 서 있었다. 그는 우주복을 입고 겨드랑이에 우주 헬멧을 끼고 있었다.

"아! 들어오렴, 애니."

조지의 엄마 데이지가 뒷문을 열면서 말했다. 데이지는 평소보다 훨씬 차분했다.

"들어오세요, 에릭! 에릭……?"

데이지는 이웃을 보고 놀란 것 같았다.

"이 분이 정말로 네 아버지니? 왜 우주복을 입고 계시지?"

데이지가 애니에게 나직하게 물었다.

"그리고 왜 저렇게 이상해 보이지? 얼굴이 좀…… 플라스틱 같은걸!"

조지의 집은 평소와 달리 조용했다. 조지는 엄마와 함께 아침밥을 먹던 중이었고, 혼란의 밤을 보낸 쌍둥이들은 이층에서 아직 자고 있었다.

조지가 잠옷 차림으로 인사했다.

"안녕, 애니! 안녕, 이봇!"

애니가 데이지에게 설명했다.

"이건 아빠하고 똑같이 만든 로봇이에요. 로봇이지만 실물하고 진짜로 비슷해요. 방금 이봇이랑 같이 동네 끝까지 산책을 갔다가 왔는데, 두어 분이 지나가면서 '안녕하세요, 에릭!' 하고 인사했어요. 물론 다들 바빠 보이기는 했지만요! 오늘 아침에는 모두 바쁜 것 같아요. 아줌마네 라디오를 들을 수 있을까요? 저희 집에는 전기가 안 들어와서 인터넷이고 뭐고 할 수가 없어요. 아무것도 안 돼요!"

조지가 물었다.

"그럼 너희 집 냉장고 속 실험 재료들은 어떻게 되는 거야? 온도가 올라가면 상하는 거 아냐?"

애니가 서글픈 목소리로 말했다.

"아마 그렇겠지. 벌써 죽은 것도 있을 거야. 하지만 하나는 전보다 더 잘 자라는 것 같아. 근데 별로 좋지는 않아. 냉장고 안이 아주 역겨워졌어."

이웃은 계속 평온하게 웃으며 방을 둘러보다가 의자를 꺼내서 앉았다.

조지의 아빠 테렌스가 즐거운 표정으로 나타났다. 턱수염을 쓰다듬는 한쪽 엄지에 붕대가 감겨 있었다.

테렌스는 기운차게 말했다.

"안녕, 애니. 지금 우리 집은 폭스브리지에 몇 안 되는 전기가 들어오는 집이란다. 에릭 교수님은 우리 집의 풍력 발전기를 대단치 않게 봤지만, 어쨌건 그 덕분에 우리 집은 아직도 전기를 쓸 수 있구나."

조지는 라디오의 태엽을 감았다.

"이 라디오는 전기 없이도 돌아가요."

조지가 우쭐하게 말하고 태엽을 돌린 뒤 스위치를 올렸다.

라디오 뉴스 캐스터의 목소리가 나왔다.

"전 세계적으로 식량 부족 사태가 일고 있습니다. 항공사들이 실수로 항공권을 무료 발매한 뒤 여행망이 완전히 마비됐고, 거기에 세계 각국 은행 기계에서 현금이 쏟아져 나와 물가가 치솟는 반면 상품은 바닥이 났습니다. 사람들은 감자 한 자루나 빵 한 덩이를 사기 위해 지폐를 손수레에 실어 가고……."

데이지와 테렌스는 서로를 의미심장하게 바라보았다.

"……얼마 남지 않은 식료품을 두고도 격렬한 싸움이 벌어지는 것은 사태가 여러 날 이어질 경우에 대비해서 사재기를 하기 때문입니다."

테렌스가 다급한 목소리로 말했다.

"여보, 협동조합에 있는 우리 농산물은 어떻게 되는 거죠?"

그 질문에 대답이라도 하듯 아나운서가 보도를 이어 갔다.

"식품 창고에 절도가 횡행하고 있습니다. 슈퍼마켓과 상점들은 재고가 금세 떨어져서 이 절박한 시기에 식품을 충분히 공급하지 못하고 있습니다. 하지만 정부 당국은 국민들에게 당황하지 말 것을 당부하고 있습니다. 총리는 원인 불명의 전 세계적 컴퓨터 오작동을 원인으로 꼽으면서, 국민들에게 동요하지 말라고 호소했습니다. 더불어 현재 각국 정부가 협력해서 다방면으로 해결책을 찾고 있기 때문에 24시간 안에 네트워크가 복구될 것으로 예상된다고 말했습니다. 그러나 일부 지역에서는 지도자들이 협력해서 어려움에 처한 사람들에게 먹을 것과 지낼 곳을 마련해 주고 있습니다. 학교, 교회, 사원 등에 이재민 수용소가 설치되었고, 주민들은 힘을 합해 이 위기를 헤쳐 나가려고 노력하고 있습니다. 집에 들어가지 못한 어린이와 청소년들을 위한 쉼터도 마련되었습니다. 우리 기자가 거기 함께 있지만 안전 때문에 위치를 알려 드리지 못합니다."

그 순간 보도가 중단되면서 방송과 전혀 무관한 다른 목소리가 라디오에서 튀어나왔다.

"내가 너희를 구하러 가고 있어."

그 목소리가 말했다.

순간 조지의 목덜미에 털이 쭈뼛 일어서고, 등골이 오싹했다.

"내가 해답이야. 내가 너희에게 필요한 것들을 주고 있어. 내가 너희의 구원자야. 내가."

그러더니 그 목소리는 나타났을 때만큼 갑자기 사라졌다. 조지와 애니는 그 난데없는 목소리에 귀가 번쩍 뜨였다. 이게 무슨 뜻이지? 그리고 어디서 나온 소리지?

아나운서가 다시 나타나서 당황한 목소리로 말했다.

"서비스 장애에 사과드립니다. 방금 송출된 내용은 어디서 온 것인지 저희도 파악하지 못하고 있습니다. 이제 국립 방송국의 공식 메시지를 전합니다. 여러분, 방송국으로 찾아오지 마십시오! 우리 발전기도 전기가 얼마 남지 않았습니다! 우리는 현재 문을 잠갔고, 누구에게도 열어 드리지 않을 것입니다. 억지로 문을 열려고 하지 마십시오. 열어 드리지 않습니다! 우리도 이제……."

방송이 갑자기 끊겼다. 그러자 조지와 애니를 붙잡아 매고 있던 주문도 깨어졌다. 조지가 라디오를 들고 다시 태엽을 감았지만 방송 전파 자체가 없었다.

테렌스가 걱정 가득한 목소리로 말했다.

"여보, 아무래도 협동조합에 가서 우리가 어제 배달한 농산물을 회수해 와야 할 것 같아요. 우리 식량을 도로 가져와야 해. 그게 있어야 할 것 같아요! 사람들이 가게에 침입해서 모든 걸 쓸어 가기 전에 지금 갑시다!"

데이지가 말했다.

"애들은 어떻게 하고? 나는 그냥 집에 있으면 안 될까요? 안전한 장소를 찾아서 거기에 먹을 걸 가져가면 어때요? 그런 방법은 안 될까요?"

아빠의 생각은 흔들리지 않았다.

"당신하고 내가 먼저 먹을 걸 확보한 다음에 안전한 장소를 찾아야 해요. 그런 뒤 집에 와서 애들을 데리고 가야지. 안 그러면 이 난리가 끝날 때까지 버틸 식량이 없어요."

"애니, 너네 부모님은 어디 계시니?"

데이지가 물었다.

애니가 대답했다.

"아빠는 총리님하고 회의하러 갔고요. 엄마는 일찌감치 슈퍼마켓에 먹을 걸 사러 갔어요. 하지만 가신 지 아주 오래 됐으니까 곧 돌아올 거예요."

"우리가 없는 동안 너희 둘이 쌍둥이를 돌봐 줄 수 있겠니?"

데이지가 물었다.

테렌스는 협동조합에 가져다준 식료품을 다시 가져오기 위해 큼직한 천 가방들을 꺼냈다.

조지는 방금 전 라디오에서 나온 말에 대해 생각하고 있었다. 방송 사고로 튀어나온 그 이상한 목소리에 실마리가 있는 것 같았다.

"그럼요!"

애니가 멍하니 있는 조지를 발로 툭 치면서 말했다.

"응? 아, 네! 당연하죠."

그제야 조지도 대답했다.

테렌스는 이미 몸이 반쯤 문밖으로 나가 있었다.

"서둘러요, 여보. 갑시다!"

그 말과 함께 조지의 부모님은 바깥으로 사라졌고, 부엌에는 조지와 애니와 이봇만 남았다.

현관문 닫히는 소리가 나자마자 애니는 가방에서 납작한 은색 노트북 컴퓨터를 꺼냈다.

"코스모스잖아!"

조지가 말했다. 그 위대한 슈퍼컴퓨터가 이토록 평범해 보인다는 사실이 늘 놀라웠다.

"코스모스가 여기 왜?"

애니가 말했다.

"우리 집에는 전기가 없어. 충전이 필요해서 갖고 왔어. 코스모스가 유용할지도 모를 것 같아서. 내가 생각하……."

"잠깐! 다시 말해 봐!"

조지가 소리쳤다.

"우리 집에는 전기가 없어서……."

애니가 천천히 말했다.

"아니, 그다음!"

"코스모스가 유용할지도……."

"아니! 그다음."

"내가 생각……."

"내가(I AM)!"

조지가 번쩍 깨닫고 소리쳤다.

"네가 뭐?"

애니가 뭐가 뭔지 어리둥절해서 말했다.

"'내가(I AM)!' 아까 방송 사고 때 나온 말을 생각해 봐. '내가 너희의 구원자다.' 그리고 우주선에도 'IAM'이라고 쓰여 있었잖아. 이게 연결 고리야!"

조지가 흥분하며 설명했다.

"I-A-M. 그게 무슨 줄임말이 아니라 그냥 '내가(아이 엠)'라는 뜻이네!"

"하지만 그게 무슨 의미지? 그걸 아직 모르겠어!"

애니가 대답했다.

"맞아. 하지만 우리는 I AM이 우주에 있다는 걸 알아. 그리고 I AM 로봇이 달에서 우리 아빠 우주복을 입은 너를 잡으려고 했고. 또 방금 전에는 그 I AM이 라디오에 나와서 자기가 지구의 모든 사람에게 필요한 것을 주고 있다고 말했어. 그 뜻은······.”

"그 뜻은······.”

조지가 실마리들을 꿰어 맞추려고 하면서 말했다.

"우리 생각이 옳았다는 거야! I AM이라는 우주의 누군가가 지구의 모든 컴퓨터 시스템을 망가뜨리고 있어.”

애니가 말했다.

"그런데 그 시스템에는 모두 암호가 있었어. 지구의 모든 시스템을 다 뚫고 들어가는 건 불가능해. 그렇지 않아? 그게 가능하려면······.”

"양자 컴퓨터가 있어야지.”

조지가 결론을 내렸다.

애니가 말했다.

"헐! 그러니까 I AM이―그게 누구건―양자 컴퓨터를 만들었다는 거야?”

"아마도. 우리는 이제 어떻게 해야 하지? 어떻게 I AM을 찾아? 무작정 우주로 나가서 찾을 수는 없어. 우주는 무한하니까! 그 사람을 절대 못 찾을 거야. 그게 사람인지 뭔지는 모르겠지만.”

애니가 말했다.

"좋은 생각이 있어. 이봇이 있잖아. 얘는 아빠하고 똑같아. 아빠가 어떤 컴퓨터들은 아빠하고 이봇을 구별하지 못한다고 했어. 그러니까 네가 아빠 우주복을 입었을 때 I AM이 너를 아빠로 착각했을 정도라면 이봇은 충분히 아빠로 통할 거야. 어쨌거나 이봇을 잡으러 전투 로봇을 보낼 만큼은 될 거라는 거지. 나는 그 로봇들이 지구에 와서 아빠를 잡아갈까 봐 너무 걱정이 돼. 우리가 본 로봇은 친절한 모습이 아니었잖아."

"전혀 아니었지. 하지만 어떻게 놈들이 이봇을 에릭 아저씨로 착각하게 만들지?"

조지가 물었다.

애니가 씩씩하게 말했다.

"이봇을 우주로 내보내는 거야! 그러면 I AM이 이봇을 아빠로 착각하고 로봇을 보내서 잡으러 올 확률이 높아, 아니 어쨌건 그럴 확률은 있어!"

"그게 무슨 도움이 되는데?"

조지는 애니의 말이 이해가 잘 되지 않았다. 그동안은 애니가 아무리 황당한 상상의 나래를 펼쳐도 조지는 자신이 그걸 잘 따라잡는다고 생각했다. 하지만 이번에는 애니의 사고 과정을 따라갈 수가 없었다.

그 사이에 애니는 코스모스의 케이블을 풀었다.

"너네 풍력 발전기하고 연결되는 콘센트가 뭐야?"

애니의 물음에 조지는 구석의 콘센트를 가리켰다. 그러다 조지는 애니가 무슨 생각을 하는지 깨달았다.

조지가 소리쳤다.

"아, 안경! 그 안경을 쓰자는 거지? 이봇을 우주로 보내서 납치당하게 한 다음 여기서 특수 안경으로 I AM의 정체를 알아내자는 거지? 그리고 놈이 어디 있는지도!"

"맞습니다, 아인슈타인 박사님!"

애니가 말하며 코스모스의 전원 버튼을 눌렀다.

코스모스가 깊은 잠에서 깨어나면서 컴컴하던 화면이 밝은 직사각형이 되었다. 하지만 안타깝게도 그 순간 깨어난 것은 코스모스뿐이 아니었다. 쿵쾅거리는 발소리가 조지의 쌍둥이 동생들이 침대에서 나와서 진화의 물결처럼 도도하게 밀어닥치고 있음을 알리고 있었다.

"오늘은 뭘 도와드릴까?"

세계에서 가장 똑똑한 컴퓨터가 말했다.

"괴짜 천재 슈퍼컴퓨터가 아니라 자동 엘리베이터 같다."

조지가 애니에게 속삭였다.

애니가 말했다.

"으, 이상해. 나는 코스모스가 친절한 거 별로야. 너무 안 어울려! 헉, 저길 봐, 조지. 네 여동생들이 오고 있어!"

주노와 헤라는 마지막 몇 계단을 굴러서 내려온 뒤 신나게 부엌으로 들어왔다. 그리고 이봇을 보고 커다란 장난감인 줄 알고

신이 나서 꺅꺅거렸다. 아이들은 두 팔을 뻗고 이봇에게 달려갔는데, 그것이 이봇 회로의 경보 시스템을 작동시킨 것 같았다. 이봇은 아이들을 피해서 놀이방으로 달아났다.

세 명이 모두 사라지자 애니가 밝은 목소리로 말했다.

"안녕, 코스모스. 너한테 맡길 일이 있어."

코스모스가 부드럽게 말했다.

"멋지군. 하지만 나는 현재 애니의 화학 숙제를 도와주는 일만을 하게 설정되어 있어."

애니도 그 일을 기억했다.

"그 설정을 해제할 수는 없어?"

코스모스가 대답했다.

"암호를 알면 새로 설치된 설정 해제 기능을 사용할 수 있어. 자, 다음은?"

애니는 코스모스를 노려보다가 조지를 바라보았다. 조지도 답답한 표정이었다.

"지난번에 이봇이 그런 것처럼 아무 키나 막 눌러 보는 건 어떨까?"

애니가 작게 속삭였고, 조지는 고개를 끄덕였다. 애니는 조지가 우주에서 이봇을 이용해서 코스모스를 조종할 때처럼 아무 키나 쳐 보았지만 반응이 없었다.

조지가 나직하게 말했다.

"네 화학 숙제를 위해서 우주에 나가서 할 일이 뭐가 있을지 생각해 봐! 그건 네 숙제하고 연관된 거니까 코스모스는 문을 열어 줘야 할 거고, 그러면 설정 해제 암호가 필요 없잖아."

"좋은 생각이야! 좋아, 코스모스."

애니가 말하면서 시간을 벌었다.

"우리는 우주에서…… 음…… 단백질을 찾아야 돼! 그게 내 화학 숙제의 다음 주제야!"

조지가 맞장구쳤다.

"그래! 우주의 단백질. 좋아. 그게 딱 우리가 원하는 거야. 우리는 탄소가 있고 물이 있으니까 이제 우주 단백질을 찾게 해 줘,

코스모스."

 코스모스는 순순히 우주로 가는 문을 열어 주었다. 빛줄기가 사각형을 그리고 그 안을 채우자 조지네 집 부엌 바닥 약간 위에 단단한 문이 생겨났다. 그리고 문이 열렸을 때 그 밖으로 보이는 모습은 조지의 집 안도 아니고 지구상의 장소도 아니었다.

 문턱 너머에 다시 한 번 우주가 나타났다. 사람의 발길이 닿지 않은 거대한 우주, 대부분의 공간이 텅 비어 있는 신비로운 우주, 하지만 이따금 격렬한 폭발이 일고 섬뜩한 아름다움을 보여 주는 우주. 우주 다른 곳에는 우리 태양이 아닌 별을 공전하는 외계 행성도 있다. 또 다른 곳에는 거대한 성운들이 있다. 아니면 폭발적인 힘을 내는 퀘이사도 있다. 퀘이사는 우주에서 가장 밝고 강력한 물체 중 하나다. 우주 자체는 위험한 곳이고 조지와 애니가 지금까지 한 우주여행도 위험이 가득했다. 하지만 그때는 코스모스가 그들을 도와줄 거라고 믿고 의지할 수 있었다. 이제 이 슈퍼컴퓨터는 그들이 얼른 문밖으로 나가기를 원하는 것 같았다. 그런 생각을 하니 오싹했다.

 "우아!"

 애니가 낮은 소리로 감탄하며 조지와 함께 문밖의 끝없는 우주를 내다보았다. 그러나 코스모스가 그 장소를 가까이 끌어당기자 풍경은 어둡고 음울한 모습이었다. 그곳은 모래 폭풍의 땅 같았다. 바위와 먼지가 엄청난 속도로 휘몰아쳤다.

생명의 구성 요소

생명체(식물, 동물, 인간)는 탄소 원소를 토대로 하고 있다. 탄소가 다른 어떤 원소보다 더 복잡하고 안정된 분자를 잘 만들기 때문이다. 또 우주에는 탄소가 아주 많다. 탄소는 우주에서 4번째로 많은 원소다. 그래서 탄소가 들어간 분자의 수는 수소만 빼면 다른 모든 원소를 다 합한 것보다도 많다.

하지만 생명을 만들려면 탄소만으로는 부족하다. 물도 필수적이다. 인체는 60퍼센트가 물이다. 물이 중요한 이유는 그것이 신체를 움직이는 많은 과정에 참여할 뿐 아니라 생명을 이루는 복잡한 분자를 만드는 데에도 참여하고 또 그 일에 좋은 용매가 되기 때문이다.

생명을 만드는 이런 복잡한 분자들 가운데 중요한 한 무리를 아미노산이라고 한다. 아미노산은 탄소, 수소, 산소, 질소, 황으로 이루어져 있다. 인체 내 아미노산은 종류가 20가지뿐이지만, 이것들이 다양한 방식으로 결합해서 단백질이라고 하는 더 큰 분자를 만든다. 단백질은 온몸에 골고루 퍼져서 여러 가지 일을 한다. 머리카락, 근육, 인대 등을 만들고, 인체 내 세포를 지탱해 주고, 핏속에도 있고, 음식물 소화 등 우리 몸의 온갖 중요한 일을 수행한다.

이렇듯, 원자라는 단순한 것이 겨우 몇 단계를 거쳐서 생명이라는 복잡한 존재가 된다.

토비

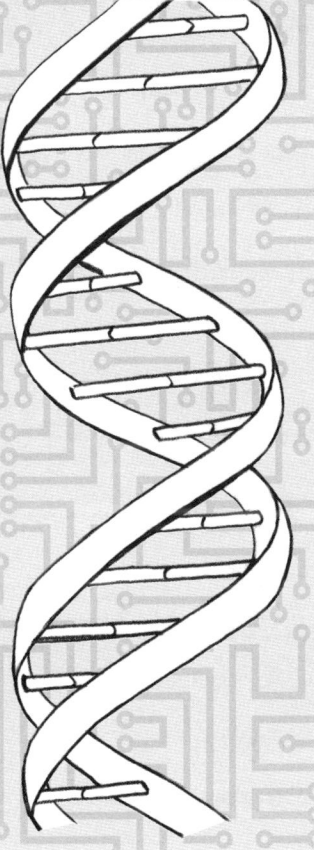

"여기가 어디야?"

조지가 놀라움과 두려움 속에 코스모스에게 물었다. 날아다니는 덩어리들이 어찌나 가깝게 느껴지던지 손만 뻗으면 잡을 수 있을 것 같았다. 하지만 그 폭풍은 속도가 엄청나서 그리 손을 뻗었다가는 손이 떨어져 나갈 것이다.

코스모스가 차분하게 말했다.

"이곳은 지구에서 375광년 떨어진 어린 원시별 주변의 먼지 띠야. 이 안에 애니가 찾는 단백질을 만드는 기초적인 물질이 있을 거야. 그러니까 생명 자체의 구성 요소가 되는 것들이 말이지."

문밖에 펼쳐진 젊은 태양계는 커다란 바위 덩어리들이 쾅쾅 부딪히며 혼란스럽고 격렬한 환경을 보여 주었다. 모든 것이 같은 방향으로 움직였지만, 그런 가운데에도 충돌과 파괴가 계속 일어났다.

애니가 중얼거렸다.

"이건 지구가 태어난 과정이야. 코스모스는 태양계라는 게 어떻게 생겨나는지, 그 요소들이 어떻게 생명을 만드는지를 보여 주고 있어."

"어서 문으로 나가!"

코스모스가 명령했다.

"아니."

조지가 얼른 대답했다. 조지도 애니도 그런 고속 소용돌이 속으로 나갈 수는 없었다.

"그럴 수 없어, 코스모스! 우리는 이 문으로 못 나가. 우리는 가벼운 우주 산책을 할 만한 가까운 태양계의 장소가 필요한 거야. 장소를 바꿔 줄 수 있겠니?"

그러자 코스모스의 목소리가 상당히 불쾌해졌다.

"안 돼. 문을 열면 일단 누구라도 나가야 해. 그게 내 작동 규칙이야."

애니가 놀라서 물었다.

"뭐라고? 그런 말은 들어 본 적 없는데?"

"지금은 예전과 작동 규칙이 바뀌었어."

코스모스는 이제 예전에 그들이 알고 사랑하던 그 컴퓨터가 아닌 것이 분명해졌다.

애니와 조지는 당황한 얼굴로 서로를 보며, 이런 계획을 생각해 낸 것을 후회했다. 시간을 30분만 뒤로 돌려서 이 일을 취소할 수 있다면 얼마나 좋을까.

"문을 열어 놓고 아무도 나가지 않으면 나한테 치명적 문제가 생겨서 망가져 버린다고."

코스모스가 다시 말했다.

"하지만 저기로 나가면 우리한테 치명적인 문제가 생겨."

조지가 문밖의 무시무시한 모습을 내다보면서 말했다. 이봇조차 저런 난리 통 속에 들어가면 몇 초 이상 견디지 못할 것이다.

애니는 어떻게 해야 난관을 돌파할 수 있을지 사방을 바쁘게 둘러보았다. 조지는 심장이 덜컹했다. 애니도 자기만큼이나 대책이 없는 게 분명했다.

코스모스가 심술궂은 목소리로 말했다.

"누군가는 저 문밖으로 나가야 돼."

그 순간 누군가―아니 누군가와 무언가―가 부엌으로 들어왔다. 쌍둥이들이 매무새가 헝클어진 이봇을 끌고 들어왔다.

"배고파."

헤라가 이봇에게서 끈끈한 손을 떼며 야무진 목소리로 말했다.

"우아, 모래다!"

주노가 문밖을 가리키며 말했다.

"안 돼."

조지가 코스모스에게 확고하게 말했다. 그냥 자기 뜻을 밀고 나가야 할 것 같았다. 합리적으로 설득하면 컴퓨터가 수긍할지도 몰랐다.

"우리는 절대 저리 나갈 수 없어. 너도 잘 알 거야, 코스모스."

이봇은 다정한 미소를 짓고 있었고, 헤라는 그의 발 위에서 펄쩍펄쩍 뛰었다. 이봇의 두 손에 아무것도 없는 걸 보니 우주 헬멧을 다른 데 두고 온 게 분명했다. 주노는 문밖의 모습을 뚫어져라 바라보았다.

"모래성 만들어?"

주노가 날아다니는 돌들을 손으로 가리키며 애니에게 부탁하듯 말했다.

"안 돼, 주노. 아기는 우주에 나갈 수 없어. 그건 절대 금지야."

애니가 그렇게 말하면서, 주노를 무릎에 앉히고 끌어안았다.

코스모스가 위협하는 목소리로 말했다.

"누군가는 반드시 이 문으로 나가야 해. 아무것도 문밖으로 가지 않으면 시스템이 폭발해!"

애니는 슬픈 얼굴로 이봇을 바라보았다. 이봇은 이제 헤라와 탭댄스를 추고 있었다. 헤라가 발을 걸려고 할 때마다 이봇은 재빨리 발을 뺐다.

애니가 조지에게 말했다.

"이상해. 조금 전에 이봇을 우주로 내보낸다고 생각할 때는 이봇이 어떻게 되건 상관하지 않았어. 그런데 지금 보니까 너무 속상해. 우리가 이봇을 죽음으로 내모는 것 같아. 그건 잘못된거잖아."

"하지만 이봇은 살아 있는 게 아니니까 죽지는 않지."

조지가 말했다. 하지만 조지의 생각도 애니와 같았다.

"그래도 이봇을 저 문밖으로 보낼 수는 없어. 일단 그건 잘못된 일이고, 또 이봇이 없어지면 우리가 지금 여기서 벌어지는 일들을 해결할 가능성이 훨씬 더 적어져."

"누가 우주로 나갈 거지?"

코스모스의 목소리는 무시무시했다. 듣는 사람의 등골이 오싹해지는 그런 목소리였다. 쌍둥이들도 몸을 떨었다. 주노는 애니를 더 바짝 끌어안았고, 헤라는 이봇의 다리에 매달렸다.

"아무도 우주로 들어가지 않으면 나는 폭발해서 이 집 전체를 무너뜨릴 거야. 그러면 누구도 살아남지 못해."

애니는 입이 딱 벌어졌고, 조지는 눈이 휘둥그레졌다. 조지가 침을 꿀꺽 삼키고 믿을 수 없다는 듯 물었다.

"이 집 전체를 날려 버린다고? 안 돼, 네가 그럴 수는 없어!"

조지는 잠시 그 모습을 상상해 보았다. 조지의 집이 폭발하면 이웃집들도 도미노처럼 무너져서 온 동네가 쑥대밭이 될 것이다.

코스모스가 말했다.

"믿을 수 없다면 한 번 시험해 봐."

애니의 목소리가 높아졌다.

"하지만 네가 너를 파괴하는 일은 불가능해! 왜 그런 일을 해? 너도 살고 싶지 않아?"

코스모스가 말했다.

"나는 생명체가 아니야. 그저 운영 체제의 규칙에 따라서 행동할 뿐이지. 이건 규칙이고, 문밖으로 누군가 나가지 않으면 나는 거기 따를 수밖에 없어."

잠시 침묵이 흘렀다.

"정말이야? 네가 정말로 이런 일을 해야 돼?"

애니가 코스모스에게 물러설 기회를 주듯 천천히 말했다.

코스모스가 대답했다.

"그래. 나는 언제라도 나 자신을 파괴할 수 있고 또 할 거야. 실제로 그건 에릭 박사님이 내가 적들의 손에 넘어갈 경우에 대비해서 최근에 장치한 보안 기능이지. 나는 그 일을 아주 멋지게 할 수 있어. 불꽃놀이를 보고 싶어? 아, 미안."

코스모스가 키득거리더니 말을 이었다.

"아니면 불꽃이 되고 싶어?"

"네 전원을 차단하겠어."

애니는 금세라도 울음을 터뜨릴 것 같은 목소리로 말했다.

코스모스가 말했다.

"그런 일은 허락할 수 없어. 그리고 그러건 말건 나는 시스템을 폭파시킬 거야."

조지가 단호하게 말했다.

"애니, 방법은 한 가지뿐이야. 이봇을 우주로 보내지 않으면 우리는 모두 먼지 조각이 되어 버려!"

"이봇."

애니가 나직하게 불렀다.

이봇이 돌아서서 애니의 아빠와 똑같이 미소를 지었다. 애니의 심장이 덜컹했다.

"못하겠어."

애니가 울면서 조지에게 말했다.

조지가 말했다.

"내가 맡을게. 이봇!"

조지와 이봇은 우주의 문 양옆에 섰고, 조지는 부드럽지만 단호한 목소리로 로봇을 부르고 앞으로 오라고 손짓했다. 그러다 애니를 돌아보고 말했다.

"잠깐. 헬멧을 안 쓰고 있잖아!"

"필요하지도 않을 거야."

애니가 우울하게 말했다.

"그렇긴 해."

조지가 말했다. 이 우주여행은 그들이 바깥세상을 이해하는 데 도움이 될 것 같지 않았다. 지금 그들은 다른 사람들을 구하기 전에 먼저 자신들의 목숨을 구해야 했다.

조지가 다시 말했다.

"이봇, 이리로 와서 문밖으로 나가."

하지만 조지는 헤라가 아직 이봇의 다리에 매달려 있는 것을 보지 못했다. 로봇은 절뚝거리며 앞으로 걸어갔고, 헤라가 그 왼발에 실려 갔다. 그리고 이봇이 마침내 우주의 문 앞에 섰다.

그 순간 애니가 이봇의 다리에 매달린 헤라를 발견하고 비명을 지르며 아이를 가리켰다.

고집쟁이 여동생이 죽음의 문턱에 가 있다는 사실을 깨달았을

때 조지는 온몸의 피가 얼어붙는 것 같았다. 이봇은 앞으로 걸어갔다. 금세라도 우주의 문턱을 넘어 사라질 기세로…….

조지가 다급하게 소리쳤다.

"안 돼, 헤라! 그 손 놔!"

"싫어!"

헤라는 가장 좋아하는 인형을 겨드랑이에 끼고 이봇의 다리에 매달렸다.

"헤라, 그 손 놔야 해!"

조지는 아빠처럼 들리게 하려고 최대한 굵은 목소리로 말했다.

"싫어!"

헤라는 소리치고 더 악착같이 매달렸다.

이봇은 문턱에 더 가까워졌다. 금세라도 헤라를 다리에 달고 그 폭풍 속으로 들어갈 것 같았다.

"조심해, 조지!"

애니는 눈을 크게 뜨고 덜덜 떨었다. 주노는 애니의 겁먹은 목소리에 놀라서 애니의 어깨에 얼굴을 묻었다.

"이봇이 넘어지면 헤라를 끌고 나갈 거야. 이봇, 그만 멈춰! 더 가지 마!"

하지만 이봇은 그 말을 못 들었거나 아니면 아까 받은 명령을

계속 수행하는 것 같았다. 이봇은 문턱 앞에 가서 어린 먼지 별 주변의 충돌과 폭발을 가리고 섰다.

조지가 명령했다.

"헤라! 당장 이봇의 다리를 놔! 이봇은 저리 나갈 거야. 그 손 놔야 돼!"

"싫-어-어-어-어-어!!!"

헤라는 로봇의 정강이를 힘껏 부여잡고 부르짖었다. 조지는 헤라의 손을 떼어 내려고 했지만 그러지 못했다. 헤라가 이봇에게 매달리는 데 열중해서 늘 겨드랑이에 끼고 다니는 인형이 한쪽 다리로 헐렁하게 늘어뜨리고 있었다. 조지는 그걸 보고 인형을 재빨리 낚아채서 폭풍이 몰아치는 문밖으로 던져 버렸다. 그것은 그렇게 무언가 문을 지나가게 하면 코스모스가 우주의 문을 닫을 수 있지 않을까 하는 소망으로 행한 필사의 행동이었다.

조지는 급하게 행동하느라 여동생이 인형을 구하러 달려들 수도 있다는 생각은 하지 못했다. 그리고 실제로 헤라는 그렇게 행동하려 했지만 그다음에 벌어진 일 때문에 우뚝 멈춰 버릴 수밖에 없었다.

문밖으로 던져진 인형은 먼지바람 속에 샛노란 머리를 잠깐 흩날렸다. 그러고는 바람에 휩쓸려 휘리릭 둥실둥실 흔들리더니 금세 갈가리 찢겨서 사라졌다. 그 조각들은 아마도 수백만 년 뒤에 어떤 행성의 일부로 다시 태어날지 몰랐다.

조지는 헤라와 우주 공간 사이에 간신히 들어간 뒤 헤라와 이봇을 있는 힘껏 밀어내서 문턱에서 멀어지게 만들었다.

"이봐!"

조지가 헤라를 붙들고 코스모스에게 소리쳤다. 이봇은 계속 앞으로 가려고 했다.

"누군가 문을 지나갔어. 그게 사람이어야 한다거나 살아 있어야 한다는 말은 하지 않았잖아. 그냥 누군가라고 했고, 우리는 그렇게 했어! 이제 우주의 문을 닫아!"

애니도 소리쳤다.

"코스모스, 당장 문을 닫아! 우리는 네가 명령한 대로 했어. 누군가 물리적으로 문을 지나가야 한다고 해서 그렇게 되게 했어! 너는 네 규칙에 따라야 해! 네가 그렇게 말했잖아!"

그러자 우주의 문이 쾅 하고 닫혔다. 조지는 헤라와 이봇과 우주 공간 사이를 가로막은 장벽으로 바닥에 엎드려 있었다. 이봇은 뒤로 넘어졌고, 헤라는 아직도 이봇의 발목을 붙들고 있었다.

우주의 문이 공중에서 흔적 없이 사라지는 동시에 다른 문 두 개가 벌컥 열렸다. 조지의 엄마와 아빠가 현관으로 들어왔고, 애니의 엄마가 뒷문으로 들어왔다. 세 사람의 얼굴에는 충격이 가득했다.

"어떻게 이런 일이!"

그들이 합창하듯 말했다.

애니가 말했다.

"그러게 말예요. 어떻게 이런 일이……."

10장

애니의 엄마인 수잔과 조지의 부모님인 테렌스와 데이지, 모두 두 눈이 휘둥그레졌다.

조지와 애니는 얼른 부엌을 훑어보고 자칫하면 죽을 뻔했던 우주 모험의 흔적이 남아 있지는 않은지를 살폈다. 하지만 우주의 문이 열렸던 부분에 남은 약간의 먼지, 그리고 이봇과 헤라가 바닥에 엎어져 있다는 것만 빼면 거의 아무런 흔적도 없었다. 어른들은 무언가 사라졌다는 것을 결코 알아차리지 못할 것이다. 그래도 혹시 싶어 애니는 한쪽 발로 바닥의 우주 먼지를 비볐다.

애니의 엄마가 그 행동을 보고 말했다.

"세상에, 애니! 신발에 그 먼지를 묻혀 가지고 조지네 집에 온 거니?"

"아, 죄송해요. 제가 청소할게요."

애니가 얼른 말했다. 국가 위기 상황에서도 바닥의 청결에 신경을 쓰는 건 너무도 엄마다운 일이었다.

"문."

헤라가 계속 이봇에 매달린 채 허공을 가리키며 말했다.

"내 인형!"

헤라는 눈물을 터뜨렸다. 그러더니 이봇의 다리를 내려놓고 조지에게 달려들어서 작은 주먹을 사납게 휘두르며 조지를 때렸다.

"그러지 마. 헤라!"

조지는 헤라의 통통한 손을 부드럽게 잡고 말했다.

"인형이 문밖으로 나갔어요."

주노가 끼어들어서 우주의 문이 있던 곳을 가리키며 말했다. 하지만 평소와 달리 아무도 그 말을 듣지 않았다.

"그래, 그래."

테렌스가 대충 말하면서, 아무것도 안 든 천 가방 두 개를 움켜잡았다. 쌍둥이가 헛소리를 한다고 생각하는 게 분명했다.

"문이고 인형이고 얘들아, 너희는 앞으로 집 밖으로 나가면 안 돼. 상황이 생각보다 훨씬 심각해."

이봇이 바닥에서 일어나 자리에 앉자, 헤라가 그 무릎 위에 편안히 앉았다.

애니가 물었다.

"이번에는 무슨 일인데요? 또 어떤 일이 일어날 수가 있나요?"
데이지가 대답했다.

"식료품 가격이 치솟은 건 알고 있지? 사람들이 돈은 넘치게 갖고 있는데, 식품이 유통되지 않아서."

애니의 엄마는 어느새 애니하고 똑같은 말투가 되었다.

"이제 슈퍼마켓들은 식품에 가격을 매기지도 못해! 금전 등록기로 계산을 하려고 하면 모든 가격이 0파운드로 표시되거든!"

테렌스가 덧붙여 말했다.

"그리고 사람들이 계산을 하려고 하지도 않아. 그냥 손에 잡히는 대로 물건을 쓸어 갈 뿐이야. 온갖 봉투, 가방, 심지어 큰 통까지 가지고 와서 물건을 약탈해 가고 있어."

데이지가 말했다.

"싸움도 일어났어! 끔찍하더구나. 사람들이 먹을 것과 물을 놓고 주먹을 휘둘렀지. 돈을 낼 필요가 없으니까 다들 최대한 가져가려고 난리야. 완전히 무법천지지 뭐니!"

수잔이 몸을 떨었다.

"무시무시해. 폭스브리지가 아니라 무슨 전쟁터 같아. 경찰은 아무 일도 안 하더구나. 그 사람들도 물건을 챙기기 바쁘니까."

테렌스가 말했다.

"그래, 애들아. 지금은 상황이 보통 심각한 게 아니야. 우리는 우리 식량이 있는 협동조합 근처에도 갈 수가 없었어. 안전한 장소도 찾을 수가 없고. 그래서 일단 우리 집 마당에 있는 작물을 최대한 거두어야 해."

모두가 고개를 돌려서 창밖의 채소밭을 바라보았다.

"사실 저기도 뭐가 별로 없어. 수확 철이 아니라서. 상추하고 무뿐이야."

데이지가 한탄하듯 말했다. 자급자족의 순간이 왔지만, 안타깝게도 지금은 풍요의 계절이 아니었다.

테렌스가 명령했다.

"조지, 애니. 당장 채소밭에 가서 작물을 최대한 따 오렴. 별로 많지는 않겠지만, 그거라도 있어야 하니까. 우리가 집에 갇혀 지내는 동안 버틸 정도는 될 거다."

"아빠는요? 아빠는 어디에 있어요? 그리고 언제 오세요?"

애니가 조지를 따라서 채소밭에 나가기 전에 엄마에게 물었다.

"아직 총리님하고 같이 핵 벙커에서 컴퓨터 시스템 붕괴와 관련된 문제를 해결하려고 하고 있을 거야."

애니의 엄마도 걱정으로 두 손이 뒤틀렸다.

"그이하고 연락이 된다면! 이 일이 언제까지 계속될지 네 아빠 생각을 물어볼 수 있다면 좋으련만! 전화하면 안 된다는 걸 알지만 이런 상황에서는 혹시……."

애니가 말했다.

"안 돼요. 제 전화는 먹통이에요! 엄마 전화는 어때요? 신호가 잡혀요?"

"한 번 봐야겠다. 어딘가 있을 텐데……."

수잔은 휴대 전화를 잘 잃어버리는 습관이 있었다.

"이제 수다는 그만 떨고 행동에 들어갑시다."

테렌스가 명령했다. 그는 어느새 대장 역할을 떠맡고 있었다.

"지금쯤이면 슈퍼마켓에는 아무것도 안 남았을 겁니다. 농부들은 농장 문을 잠갔을 거고요. 식량 기부 단체는 약탈되었을 테고, 식품 업체들은 철통 경비에 들어갔을 겁니다."

수잔이 불안해하며 물었다.

"우리는 어떻게 해야 하죠?"

테렌스가 차분하게 말했다.

"위기가 지나갈 때까지 조용히 지내야 해요. 그리고 모든 위험을 피해야 해요. 모두 지하실에 내려가서 지냅시다."

수잔이 물었다.

"우리 가족도요?"

"물론이죠. 제가 책임지고 여자와 어린이는 언제나 안전하게 지켜드리겠습니다."

군인의 아들인 테렌스가 수잔에게 군인처럼 경례하며 말했다.

수잔이 말했다.

"좋아요! 우리 집에 침낭이랑 이불이 정말로 많아요! 지금 상황을 보니 친정 식구들이 올지 어쩔지도 모르겠네요. 아직 소식이 없어요. 가서 이불을 가지고 올게요. 그게 있으면 지하실에서도 편안하게 잘 수 있을 거예요."

조지가 물었다.

"아빠, 위에 남아서 망을 보는 사람도 있어야 하지 않나요? 만약에 위기가 지나갔는데 우리 모두 지하에 있어서 아무것도 모르면 어떻게 해요? 차례대로 돌아가며 나무 집에 올라가서 망을 봐야 하지 않을까요?"

"좋은 생각이다, 조지."

테렌스는 이제 그들이 알던 조용한 평화주의자, 채식주의자, 재활용주의자가 아니었다.

"저하고 조지가 첫 번째 조를 맡을게요."

애니가 재빨리 말했다. 애니 역시 조지처럼 부모님과 함께 지하실에 들어가면 바깥세상 일에 끼어들 수 없다는 것을 알았다.

애니의 엄마가 끼어들었다.

"아니, 더 좋은 생각이 있어. 로봇의 눈으로 보는 특수 안경이 있다고 하지 않았니? 그렇다면 로봇을 망보는 장소에 갖다 두고 그 안경으로 보면 되잖아."

"젠장."

애니가 작게 투덜거렸다. 엄마가 그렇게 빨리 아이디어를 낼 줄은 몰랐다.

수잔은 침구를 가지러 옆집으로 갔고, 애니와 조지는 양동이를 들고 채소밭에 나가서 그들 두 가족이 이 위기가 지나갈 때까지 먹고 버틸 식량을 뽑기 시작했다.

11장

애니와 조지가 뒷마당의 얕은 흙을 파헤치는 동안, 사방은 기이할 만큼 조용하게 느껴졌다. 마치 어떤 거대한 충격을 기다리고 있는 것 같았다. 그들이 사는 폭스브리지의 한 모퉁이는 언제나 평화로운 편이었지만, 지금은 온 지구가 말없이 어떤 파국적 사건을 기다리는 것만 같았다. 하늘에는 아무것도 없었다. 작은 비행기 한 대 지나가지 않았다. 교통 흐름은 멈춘 것 같았고, 사람들 소리도 거의 없었다. 새들이 노래하듯 조잘거리고 벌레들이 바쁘게 봄꽃을 가루받이할 뿐이었다. 라디오의 음악도 없고, 전화 벨소리도 없고, 커다란 평면 텔레비전이 떠드는 소리도 없었다. 인간 생활의 법석이 갑자기 멈추었다. 사람들이 모두 지워져 버린 것처럼, 외계 생명체에 납치당해서 한꺼번에 지구를 떠난 것처럼.

하지만 이런 불길한 침묵 속의 어떤 기운은 조지에게 이것이 오래 가지 않을 거라는 느낌을 안겨 주었다. 시간은 흘러갔고, 기다리는 시간이 길어질수록 조지는 더 걱정되었다.

조지의 엄마 데이지가 쌍둥이를 데리고 조지와 애니를 도우려고 밭에 나왔지만, 그냥 가만히 서서 그들 둘이 양동이에 잎사귀와 뿌리를 채우는 것을 바라보고만 있었다.

테렌스가 밭으로 나오면서 말했다.

"여보, 쌍둥이를 안으로 데리고 들어가고, 지하실로 갖고 내려갈 물건들을 좀 챙겨 줘요. 건조식품, 물, 태엽 손전등—지하로 가져갈 수 있는 건 모두. 어쩌면 거기서 며칠을 계속 지내야 할 수도 있으니까. 함부로 위로 올라오는 건 위험해요. 라디오를 가지고 가서 혼란이 끝났다는 방송을 기다립시다."

데이지는 고개를 끄덕인 뒤 주노와 헤라를 데리고 안으로 들어갔다. 쌍둥이조차도 이상한 분위기에 기가 꺾인 것 같았다.

그런데 돌아온 수잔은 많은 양의 침구뿐 아니라 사람도 한 명 데려왔다. 나이가 아주 많고 차림새가 헝클어진 그 사람은 조지와 애니가 며칠 전에 만난 암호 해독가 베릴이었다.

"현관 앞에 계시더라고요."

수잔이 침구를 들고 지하실로 내려가면서 말했다.

애니가 놀라서 물었다.

"베릴 선생님! 여기는 어쩐 일이세요?"

베릴이 대답했다.

"달리 어디로 가야 할지 몰라서. 그리고 이 일을 설명해 줄 수 있는 사람은 에릭밖에 없다고 생각했거든."
애니가 말했다.
"아빠는 지금 안 계세요. 아빠는 '정보 기술 자문 위원'이라서 총리님을 뵈러 갔어요."
"쯧! 요즘은 별 이상한 직책들도 있구나!"
베릴이 말했다. 헝클어진 겉모습에도 베릴의 눈빛은 초롱초롱했다. 심지어 즐거워 보이기까지 했다.
"재미있지 않니? 옛날 생각이 나는구나!"

애니가 말했다.

"선생님, 지하실로 내려가셔야 해요. 테렌스 아저씨가 이렇게 위에서 어슬렁거리면 안 된다고 말씀하셨어요."

베릴이 감탄했다.

"정말 환상적이야! 런던 대공습 때하고 똑같은걸! 지하에 셰리 주도 좀 있으면 좋을 텐데!"

그리고 베릴은 놀라울 만큼 민첩한 동작으로 지하 계단을 내려가며, 전쟁 당시의 노래를 흥얼거렸다.

"우리는 어떻게 하지?"

애니가 양동이를 집어 들고 조지에게 물었다.

"코스모스는 어디 있어?"

조지가 걱정스럽게 물었다.

"안에 있지. 그냥 거기 둘까?"

"아니, 가져와야 할 것 같아."

조지가 말했다.

애니가 소리쳤다.

"하지만 지금 코스모스는 악마가 됐잖아. 어둠의 편이 되었다고!"

"알아. 그렇지만 코스모스의 규칙을 자신에게 적용시켜 우리를 돕게 할 수 있을지도 몰라. 어쨌거나 갖고 있는 게 좋을 것 같아."

"알았어."

애니는 양동이를 들고 안으로 들어갔다가 잠시 후에 나왔다. 채소 더미 밑에 감춘 세계 최고의 컴퓨터 코스모스를 조지에게 보여 주고 속삭였다.

"어떻게 해야 할지는 난 아직 모르겠어."

하지만 조지의 머릿속에는 계획이 돌아가고 있었다.

"너는 일단 이봇을 나무 집에 데리고 가서 망을 보게 해 놔. 그런 다음 내려와서 가족들과 함께 지하로 내려갈 것처럼 시늉을 해야 돼."

"그게 무슨 소리야?"

조지가 말했다.

"우리는 식구들하고 같이 지하에 내려갈 것처럼 행동할 거야. 하지만 식구들이 다 내려가면 지하실에 가두고 우리는 바깥에 남아 있을 거야."

"식구들을 가둔다고?"

애니가 놀라서 말했다.

"어쩔 수 없어! 안 그러면 이 일을 해결하지 못해. 우리가 부모님 곁에 앉아서 보온병에 담은 수프를 먹고 바보 같은 노래나 부르는 동안 세상은 박살 나고 있을 거야! 그리고 우리는 아무 일도 못하고 있을 거라고!"

애니가 물었다.

"그런데 우리가 뭘 할 수 있지? 우리 같이 어린 학생 둘이 다루기에는 너무 큰일 아냐?"

조지가 단호하게 말했다.

"아냐, 애니! 전에는 나도 그렇게 생각했는데, 우리 말고는 아무도 이런 일을 할 사람이 없어. 일단 노력해 봐야 돼. 너네 아빠조차 아직 아무런 힘을 못 쓰고 있잖아. 우리가 무슨 일이라도 해야 돼, 애니. 베릴 선생님처럼 말이야. 그분이 전쟁 때 암호를 풀지 못했다면 수백만 명이 죽었을 거야. 그러니까 우리가 설령 아주 조그만 일밖에 못 한다 해도 그게 큰 의미가 있을 수 있어."

"네 말이 맞아."

조지의 말에 감동을 받은 애니가 어깨를 쫙 펴면서 말했다.

"그렇다면 나는 네 편이야. 지하실에 숨지 않겠어. 문제에 맞서겠어. 우리는 이 문제를 해결할 수 있어."

잠시 후 뒷마당의 작은 채소밭은 겨울처럼 황량해졌다. 먹을 수 있는 이파리는 하나도 남지 않았다. 그들은 밭의 모든 채소를 다 따고 뽑고 파내고 잘라서, 얼마나 오래 갈지 모르는 피난 생활의 양식으로 지하로 내려 보냈다. 데이지는 이미 쌍둥이를 지하실로 데리고 내려가 있었다. 데이지가 아이들에게 일요일에도 쉬지 않고 먹는 배고픈 애벌레 이야기를 읽어 주는 소리가 들렸다.

데이지가 손전등 불빛으로 책을 읽어 줄 때, 테렌스와 수잔은 은신처를 정돈했고 애니는 간식, 물병, 만화책을 뚜껑문 아래로 내려 보냈다.

"두 분은 내려가세요."

애니가 명령하듯 말했다. 지시 내리는 걸 좋아하는 사람이 테렌스뿐은 아니었다.

"지금 바로요. 나머지 물건을 내려 드릴게요. 아, 조지가 왔네요! 조지가 마무리를 할 거예요."

애니는 조지에게 의미심장한 눈길을 던진 뒤 또랑또랑하게 말했다.

"저는 이봇을 나무 집에 올려다 놓을게요. 그리고 돌아와서 조지랑 같이 지하로 내려갈게요. 됐죠?"

어른들은 엄숙하게 고개를 끄덕였다. 그들은 지하실을 안락하게 꾸미는 일에 몰두해서 두 아이에게서 배신의 기미를 알아채지 못했다.

애니는 작동을 멈추고 거실에 쓸쓸하게 놓여 있던 이봇을 가지고 왔다. 그리고 에릭의 우주 헬멧을 찾아 이봇의 머리에 씌운 뒤, 이봇을 들쳐 메고 나무 집 사다리 앞으로 비틀비틀 걸어갔다. 다

 행히 사다리는 내려져 있었다. 애니는 이봇을 나무에 기대 세워 놓고 주머니에서 원격 안경을 찾아서 썼다. 그리고 이봇을 잠에서 깨우기 위해 시선 조종 기능을 사용했다.

 이봇은 움찔움찔하더니 빼액 하며 깨어났다.

 "사다리를 올라가."

 애니가 명령했다.

 이봇은 어설픈 동작으로 사다리를 올라갔다. 우주복을 입은 볼품없는 거미가 벽을 올라가는 것 같았다. 애니는 코스모스가 든 양동이를 들고 그 뒤를 따라 올라갔다. 이봇은 바닥판에 기어오르다기보다 떨어지듯 들어섰다. 애니가 이봇을 뛰어넘어 안으로

들어간 뒤 양동이를 내려놓고 조지의 망원경 앞으로 갔다. 마을은 아직도 조용히 잠들어 있는 것 같았지만, 공중에 느껴지는 떨림에는 무언가 천둥이 닥쳐올 듯한 기미가 담겨 있었다.

"여기서 기다려."

애니는 로봇에게 명령하고 다시 나무를 내려간 뒤 조지가 있는 지하실 뚜껑문 앞으로 달려갔다.

아래를 내려다보니 식구들이 위를 올려다보고 있었다. 애니의 엄마, 조지의 부모님, 쌍둥이들까지. 애니는 갑자기 조지가 그 일을 못 할 거라는 걸 알았다. 그 순간 용기 있는 행동으로 약속을 지켜야 할 사람은 애니 자신이었다.

"죄송해요."

애니가 입 모양으로 말한 뒤 뚜껑문 양쪽을 모두 닫고, 지하의 사람들이 어떻게 할 겨를도 없이 빗장을 질러 버렸다. 사람들의 놀란 얼굴이 언뜻 보였지만, 그 얼굴들은 이내 사라져서 지하 은신처에 갇혀 버렸다.

하지만 그들의 목소리는 갇히지 않았다.

"애들아!"

테렌스가 아래쪽에서 문을 쾅쾅 두드렸다.

"대체 뭐 하는 거니? 위에 있으면 안 돼! 문 열어! 문 열어!"

"죄송해요! 나중에 말씀드릴게요."

애니가 지하를 향해 소리쳤다.

애니는 조지를 뒷문 쪽으로 돌려세우며 소리쳤다.

"뛰어!"

등 뒤로 목소리 하나가 따라 나왔다. 베릴이었다.

"잘했구나, 애들아! 행운을 빈다!"

애니와 조지는 함께 나무 집으로 올라간 뒤 사다리를 위로 걸어 올렸다. 둘 다 자동적으로 바닥에 납작 엎드려서 사람들 시선을 피했다. 잠시 후 조지는 손을 뻗어서 이봇도 옆에다 끌어 내렸다. 이제 누가 이쪽을 보아도, 텅 빈 나무 집은 새들이나 나무를 아주 잘 타는 사람만이 올라갈 수 있는 곳으로 여겨질 것이다.

조지도 애니도 자신들이 왜 그렇게 행동했는지 잘 몰랐다. 그

저 그들의 생존 본능이 몸을 감추라고 일러 주었을 뿐이다.

그 본능은 훌륭했다. 그들이 나무 위 은신처에 도착하고서 겨우 몇 초의 여유밖에 없었기 때문이다. 그들이 아직 바닥에 엎드려 숨을 헐떡일 때, 멀리서 시끄러운 소리가 들리더니 점점 가까워졌다. 처음에는 모든 소리가 한데 엉켜 웅웅거려서 개별적인 소리는 알아들을 수 없었다. 하지만 곧 고함 소리, 쨍그랑 소리, 비명 소리, 와장창 소리, 쿵 하는 소리가 들렸다.

"저게 뭐지?"

애니는 떨었다. 지상에 남아 있자는 조지의 생각은 용감했지만, 이제 애니는 그게 좋은 생각이었을까 하는 의문이 들었다. 그 정도로 들리는 소리가 너무 무시무시했다.

애니는 대답을 기다릴 필요가 없었다. 나무 집 밑에서 약탈자 무리가 우르르 땅을 흔들며 뒷마당으로 뛰어들었다. 울타리가 무너지고 흙이 튀었다. 약탈자들은 창문과 문을 깨고 이 집 저 집에 들어가서 먹을 것을 뒤졌다. 개들이 짖고 다친 사람들이 비명을 지르는 소리가 들렸다. 조지와 애니가 밖을 살짝 내다보니, 군중은 이미 그 지역을 떠난 집 주인들이 남겨 놓은 소량의 물품을 놓고 싸우고 있었다. 다행히 그들은 금방 지나갔지만, 애니와 조지에게 그 시간은 아주 길게 느껴졌다. 약탈자 무리는 금세 다른 집들로 갔고 마침내 시야에서 사라졌다.

애니가 속삭였다.

"우아! 이럴 수가. 세상이 위험해질 거라고 본 너네 아빠 말씀이 옳았어."

조지는 숨을 거칠게 쉬었다. 심장이 너무 크게 쿵쿵거려서 폭도들의 소음도 들리지 않았다.

조지가 고개를 끄덕였다.

"식구들을 전부 지하로 피신시킨 건 잘한 일이야."

안전한 곳에 숨지 않았다면 쌍둥이들과 부모님, 베릴과 애니의 엄마에게 무슨 일이 있었을지 상상도 하기 싫었다. 조지는 에릭이 길거리가 아니라 정말로 총리와 함께 안전한 장소에 있기를 바랐지만, 애니에게 그런 말은 하지 않는 게 좋을 것 같았다. 굳이 겁나는 말을 더해 줄 필요가 없었기 때문이다.

"식구들이 무사할까?"

애니가 떨리는 목소리로 속삭였다.

"그럼, 무사하지."

조지가 단호하게 말했다. 그러자 놀랍게도 심장 박동이 느려지면서 기분도 훨씬 나아졌다. 폭동이 이는 동안, 조지는 이렇게 두려움에 떨며 계속 바닥에 엎드려 있을 건지 생각해 보았다. 하지만 이제 자신과 애니가 행동을 해야 할 때라고 생각하자, 마음속에 용기가 차올랐다.

"집이 좀 지저분해졌겠지만, 들키지는 않았을 거야. 모두 부엌을 통해서 반대편으로 갔으니까."

"이제 어떻게 해?"

애니가 조용히 물었다.

뒤처진 폭도 몇 명이 무너진 울타리를 밟고 망가진 채소밭으로 들어오더니 돌멩이를 던져 남아 있는 멀쩡한 유리창 몇 장을 마저 깨고 떠났다.

"아무거나 닥치는 대로 부수고 있어."

애니가 어이없어 하며 말했다.

조지가 말했다.

"그러니까 빨리 움직여야 해. 여기 있다가 들키면 큰일 나. 우주급으로."

"빨리 뭘 해야 한다는 거야?"

조지가 대답했다.

"다시 시도해야지. 그러니까 처음에 성공하지 못하면……! 아무래도 이봇을 포로로 보내서 I AM의 정체와 꿍꿍이를 알아보자는 네 생각이 최상의 방법인 것 같아. 하지만 이번에는 코스모스에게 명령을 좀 더 정확하게 내려서 이봇을 그 사람들이 있는 곳으로 보내야 해."

"그럼 내 화학 숙제를 계속하자는 거야? 이런 난리 통에서도?"

애니가 놀라서 물었다. 온 세상이 이렇게 뒤집혔는데도 자신은 숙제를 계속 하다니! 몹시 정상적이라는 느낌과 몹시 이상하다는 느낌이 동시에 들어서 어떻게 생각해야 할지 알 수 없었다.

조지는 "그럼."이라고 대답했다가 자기 목소리에 깃든 자신감에 스스로도 놀랐다.

"코스모스한테 다음번 생명 요소를 공부해야 한다고 말하고, 그런 다음 이봇을 문밖으로 보내자. 이봇이 너네 아빠 우주복을 입고 있으니까 너네 아빠가 우주에 나갔다는 소식이 금방 퍼질 거야. 전에 I AM이 그렇게 해서 우리를 쫓아왔잖아."

"맞아!"

애니는 양동이에서 코스모스를 꺼내서 상추 잎 몇 장과 민달팽이 한 마리를 떼어 낸 뒤 스크린을 열고 전원 버튼을 눌렀다.

"우리도 우주복이 필요할까?"

조지가 물었다.

"아마도. 상황에 따라 다르겠지만. 그런데 지금 우주복은 아빠 서재에 있어."

조지는 이미 밧줄 사다리를 내려가고 있었다.

애니가 소리쳤다.

"가지 마! 너무 위험해! 사람들이 돌아오면 어떻게 해?"

조지가 용감하게 말했다.

"금방 올게. 코스모스를 켜고 우주의 문을 열어 놔. 번개처럼 돌아올게."

"알았어."

애니가 조지의 등 뒤에 대고 말했다.

"자, 이제 시작해 보자. 코스모스!"

코스모스가 깨어나자 애니는 깊은 숨을 쉬었다.

"화학 숙제를 계속해야겠어. 우주에서 아미노산을 좀 찾아 줘. 우주의 문을 열어서 생명의 구성 요소인 아미노산이 있는 태양계 혜성으로 보내 줘."

12장

조지는 텅 빈 채소밭을 지나고 울타리를 지나서, 정글처럼 빽빽한 애니네 집 뒷마당에 들어갔다. 그리고 달리다가 우뚝 멈춰 섰다. 애니네 집 뒷문이 뜯어져 나가 있었다. 창문은 모두 깨어졌다. 깨진 유리창을 넘어 안으로 들어가 보니 여기저기 가구가 넘어지고 냉장고 문은 열려 있고 찬장도 약탈당한 상태였다. 찬장에서 꺼내다가 터뜨린 밀가루와 설탕 가루 봉지들이 바닥에 뒹굴었고, 그 안의 내용물이 타일 위로 흘러나와 있었다. 누군가 레모네이드 병을 밟아서 레모네이드를 찬장과 바닥에 흩뿌렸고, 그 레모네이드가 밀가루, 설탕과 섞여서 끈끈한 오물을 이루었다. 가정집 냉장고가 아니라 연구소에 있어야 할 것 같은 플라스틱 튜브들이 여기저기 흩어져 있었다. 이 튜브에서 새어 나온 물질들도 끈끈한 오물의 호수에 합류해서 녹색 어린 빛을 냈다. 에릭과 애니의 실험은 그걸로 끝인 것 같았다.

"으어!"

조지는 미끄러운 바닥을 조심조심 걸었지만, 깨진 달걀과 잼이 섞인 것을 밟고 쭉 미끄러져서 문이 열린 냉장고 앞으로 날아갔다.

"아야, 아야, 아야!"

조지는 중얼거리며 냉장고 선반과 부딪힌 코를 문질렀다. 먹을 것은 하나도 남아 있지 않았다. 맨 위 선반에 있던 아무도 먹지 않던 잼과 겨자도 사라졌다. 사람들은 냉장고와 찬장을 뒤져서 음식물을 전부 약탈하고, 먹을 수 없게 된 것만 남겨 두었다. 남겨진 음식물은 바닥에서 화학 약품과 섞여서 걸쭉하고 끈끈한 오물의 바다를 이루고 있었다.

조지는 조심조심 부엌을 지나가다가 수잔의 휴대 전화가 구석의 오물 더미에 놓인 것을 발견하고는 잠시 멈춰 섰다. 이 거대한 혼란의 와중에 수잔의 잃어버린 휴대 전화가 다시 나타나다니. 그게 있으면 에릭에게 전화를 걸 수 있었다!

에릭은 평범한 일상과 관련해서는 아는 게 없었다. 계란은 몇 분을 삶아야 하는지, 아이튠스 음악 차트 1등이 누구인지 같은 건 전혀 대답해 주지 못했다. 하지만 우주적 규모의 사고가 닥치거나 세계가 악의 위협을 받거나 외계인이 나타나면 그는 최고가 되었다. 그런 상황에서 그는 세상 누구보다도 현명했다. 지금 에릭에게 물어본다면 큰 도움이 될 것이다.

조지는 휴대 전화가 아직도 작동되는지 알아보려고 그리 가려고 했다. 하지만 그 즉시 미끄러져서 대형 파도를 타는 서퍼처럼 두 팔을 사방으로 휘둘러야 했다. 조지는 반대편 찬장에 가서 쾅 부딪히고서야 자신이 소중한 시간을 낭비하고 있음을 깨달았다. 멀리서 고함 소리가 들렸다. 약탈꾼들이 들이닥치기 전에 들렸던 소리하고 같았다. 그들이 첫 번째 습격에서 놓친 것을 다시 찾아서 돌아올 수도 있었다. 조지는 휴대 전화를 포기하고 스케이트를 타는 것처럼 부엌을 미끄러져 지나갔다. 그리고 복도로 비틀거리며 들어가서 에릭의 서재로 갔다.

집 안의 모든 방 중에 서재가 가장 타격이 덜한 것 같았다. 군중은 그곳을 무시한 게 분명했다. 책 몇 개가 책장에서 뽑혀 나와 있었지만, 그것 말고는 침입자의 흔적이 없었다. 조지는 얼른 필요한 것—우주복 두 벌과 그 부속물—을 찾았다. 하지만 이 모든 걸 어떻게 가져가지? 조지는 일단 우주복을 입고 우주 장화를 신기로 했다. 우주 장화는 몹시 커서 운동화 위에도 신을 수 있을 것 같았다. 조지는 지퍼를 채우고 또 한 벌의 우주복을 등에 엎듯이 지고 팔 부분은 목에 감았다. 우주복은 축 늘어진 사람 같았다. 그런 뒤에는 우주 장화를 신고 또 한 세트의 우주 헬멧과 우주 장화를 손목에 걸었다. 그리고 무거운 우주 장화 걸음으로 서재를 나왔는데, 다행히 우주 장화가 운동화보다 지면 밀착력이 훨씬 좋아서 미끄러운 부엌을 무사히 지나갈 수 있었다. 조지가 집을 나와서 다시

마당을 지나갈 때 우주복이 등 뒤에서 깃발처럼 펄럭였다. 부엌에서 화학 물질 몇 가지가 묻은 것은 알아차리지 못했다.

나무 집에서는 애니가 전원을 아끼려고 코스모스를 꺼 놓았고, 이봇이 우주의 문을 나가다가 밖으로 떨어지지 않도록 바닥의 물건들을 정돈하고 있었다. 그러면서 애니는 조지가 언제 오는지 계속 밖을 내다보았다. 지금은 무슨 일이 잘못되어도 도와줄 어른이 없었다. 코스모스는 이제 거들먹거리는 사촌 오빠 같을 뿐, 더 이상 믿고 기대할 수 없었다. 애니와 조지는 이 낯설고 무서운 세상에 정말로 둘뿐이었다. 그들 편이라고 할 수 있는 사람은 이봇뿐이지만, 이봇은 실제로 사람도 아니었고, 어떤 명령이라도 그대로 수행하는 게 전부일 것이다. 그는 해야 할 일과 하지 말아야 할 일을 구분할 줄 몰랐다.

애니는 기다리다가 발소리가 들리자 숨을 헉 삼켰다. 그리고 용기를 내서 밖을 내다보았다. 조지가 우주복을 입고, 다른 한 벌은 등 뒤에 매단 채 사다리를 올라오는 모습이 보이자 애니는 훅 안도의 한숨을 내쉬었다.

조지는 나무 집 안쪽으로 들어가서 장비들을 내려놓았다.

애니가 어리둥절해하며 물었다.

"조지, 네 우주 장화에 묻은 게 뭐야?"

애니는 아른아른 빛을 내는 오물을 가리켰다.

"너네 집 부엌 바닥에서 묻은 오물이야. 잠깐, 윽! 이거 움직이는 거 같은데! 살아 있는 것 같아!"

"무슨 오물? 어디서 나온 거야?"

"너네 아빠가 냉장고에 보관하는 게 뭐야?"

애니가 대답했다.

"몰라. 냉장고에 넣어 두는 시험관에 몇 가지 실험 물질이 있긴 해. 그런데 나한테는 절대 만지지 말라고 했어."

"이 이상한 물체가 뭔지 궁금하네. 그리고 왜 이게 점점 퍼지는 것 같지?"

조지가 말했다.

"아마 아빠가 우주에서 키우는 단백질 결정 같아. 아빠는 지구보다 우주에서 더 빨리 자라는 것들을 우주에 가져가서 키우셔. 그건 그렇고, 여기서 하는 게 어때?"

애니가 말했다.

"좋아. 이제 어떻게 할까?"

조지가 불안한 눈길로 폭스브리지를 둘러보았다. 다시 조용해진 것 같았지만, 그런 분위기는 언제든지 금세 돌변할 수 있다는 걸 둘은 경험을 통해

알았다.

애니가 단호하게 말했다.

"아미노산을 찾아야지. 그것이 생명의 다음번 재료야."

조지는 우주 장화를 내려다보았다. 오물이 다시 움직인 것 같았지만, 지금 그런 이야기를 할 때는 아닌 것 같았다. 그것은 우선순위에서 밀렸다.

"어디서 그걸 찾아?"

조지가 물었다.

"코스모스에게 우리 태양계의 혜성을 찾으라고 명령했어."

컴퓨터가 꺼져 있어서 애니는 자유롭게 말할 수 있었다.

"혜성에는 약간의 아미노산이 있을 수 있거든. 그리고 이봇이 납치당하기도 좋은 장소지. 특히 이봇에게 아빠의 우주복을 입히고 아빠의 우주 호출 부호를 쓰게 했으니까. 혜성 한가운데 앉아 있기만 해도 눈에 확 띌 거야! 만약 I AM이 모든 컴퓨터 활동을 감시하고 있다는 가설이 맞다면, 아빠나 이봇이 우주에 나가면 바로 알아차릴 거야."

조지가 물었다.

"훌륭해! 하지만 그자가 달이 아니라 혜성에서도 이봇을 납치할 수 있을까?"

애니가 긴장된 목소리로 말했다.

"어떻게 알겠어? 그냥 시도해 봐야지. 그게 안 통하면 코스모스에게 달의 아미노산을 찾아야 한다고 설득해 봐야지. 좀 이상하긴 할 거야. 달에는 아미노산이 없을 거니까. 어쨌건 우리도 우주복을 입자!"

그러자 조지가 물었다.

"애니, 우리도 우주로 나가는 거야? 지금 우리가 우주의 문을 쓸 수는 없어. 그건 안전하지 않아."

애니가 고개를 끄덕였다.

"그래, 맞아. 하지만 예전에 혜성에 갔을 때 기억나? 혜성은 중력이 약해. 이봇이 혼자 거기 가면 그냥 튀어 올라서 우주를 떠돌게 될지도 몰라."

조지가 말했다.

"아, 그럴 수도 있군. 그러면 어떻게 해야 할까?"

애니가 잘라 말했다.

"우리도 일단 우주복을 입어야 돼. 그리고 실제로 밖에 나가지는 않고 문밖으로 손을 뻗어서 못으로 이봇을 혜성에 고정시키는 거야. 어때?"

조지가 말했다.

"아하, 알겠어! 좋은 생각이야."

애니는 얼른 조지가 가져온 우주복을 입었다.

"우주의 문을 열자."

조지가 애니에게 말했다.

애니는 컴퓨터의 전원을 눌러서 코스모스를 깨웠다.

코스모스는 히죽거리는 듯한 목소리로 인사했다.

"안녕. 무얼 도와드릴까?"

"우리 태양계의 한 혜성으로 가는 우주의 문을 열어서 내 화학 숙제에 필요한 우주 아미노산을 조사할 수 있게 해 줘."

애니가 우주 장화에 발을 밀어 넣으면서 말했다.

"우리, 그러니까 나하고 내 친구 조지, 그리고 우리 아빠 에릭은 네 우주의 문으로 나가서 조사를 하고 싶어."

그러자 코스모스가 들뜬 목소리로 말했다.

"에릭? 에릭이 우주에 간다고?"

애니와 조지가 서로를 보았다. 이 작전이 과연 통할까?

애니가 말했다.

"그래, 맞아. 문을 열어 주겠니?"

코스모스가 대답했다.

"열어 주고말고. 나는 이미 목성 지대에서 혜성 하나를 봤어."

"좋아."

애니는 이제 우주복을 다 입고 조지에게 경례했다. 그리고 이봇을 세워서 준비시켰다.

조지는 이 계획이 성공할 가능성이 얼마나 될지 궁금했다. 어느새 평범한 중간 방학은 사라지고, 자신은 친구의 아빠와 똑같이 생긴 로봇을 악당들에게 미끼로 쓰기 위해 우주의 문을 통해 목성 근

처의 혜성으로 보내려 하고 있었다. 이상하기 짝이 없었지만, 너무 깊이 생각하지 않는 편이 좋을 것 같았다. 생각하면 오싹해질지도 몰랐다.

"오래 걸리지 않을 거야."

애니가 말했다. 하지만 그 목소리가 아주 불안했다.

"아미노산 표본을 모아서 금방 지구로 돌아올 거니까 우주의 문을 닫을 필요가 없어. 혜성에 나가는 건 아빠뿐이고 조지하고 나는 안 나가. 이건 네 규칙하고 안 어긋나니? 설마 또다시 폭발을 일으킨다고 하지는 않겠지?"

코스모스가 말했다.

"한 사람만 통과하면 그런 오류는 없어."

우주의 문이 반짝거리며 떠올랐고, 차츰 그들 셋이 걸어 나갈 수 있는 단단한 문이 되었다. 문이 열리자 바위 가득한 연한 회색 땅이 보였다. 조지와 애니가 이봇 양옆에 서서 밖으로 나갈 준비를 갖추었다.

"잊지 마, 조지. 중력이 작아!"

애니가 코스모스가 듣지 못하게 속삭였다.

"이봇을 내보내서 혜성에 잡아 내리고 못으로 고정시킨 뒤 두고 떠나야 돼."

조지가 말했다.

"알았어. 행운을 빌자!"

그들은 안드로이드를 앞으로 밀어서 우주의 문 밖에 있는 혜성에 내려놓았다. 모든 행성 가운데서도 가장 멋진 목성의 궤도에 있는 혜성에.

13장

지난번에 혜성에 갔을 때, 우주의 문으로 들어선 조지와 애니는 우주 공간을 커다랗게 빙글빙글 돌다가 혜성 쪽으로 떨어졌다. 그것은 둘이 처음으로 함께한 우주여행이었다. 우주여행이 거짓말이라는 조지의 말에 발끈한 애니가 조지에게 진짜임을 보여 주려고 우주의 문을 열었다. 조지의 첫 우주여행이었다. 그 뒤로 환상적인 모험이 많이 이어졌다.

하지만 이번에 우주의 문은 그들을 혜성 위쪽 허공에 내려놓지 않았다. 그것은 혜성 땅 바로 위에 열렸고, 그들은 다행히 그 건조한 바위 땅에 이봇을 계획한 대로 내보낼 수 있었다.

이봇이 밖으로 나가자, 그곳의 중력이 지구보다 훨씬 작은 것이 확실히 느껴졌다. 이봇은 곧장 하늘로 날아올랐고, 애니와 조지는 이봇을 땅 위로 잡아 내려야 했다. 우주 헬멧 밖으로 이봇의 알쏭달쏭한 표정이 보였다. 그런 일은 불가능하다는 걸 알고 있지만,

혹시 그것이 배신의 표정인가, 이봇이 자신들의 계획을 아는 건가 하는 생각이 들었다.

"여기 얼른."

애니가 조지에게 우주 못 몇 개와 우주 망치와 우주 밧줄을 건넸다. 우주복에 표준적으로 딸려 나오는 것이었다.

"땅에 못을 두 개 박아서 고정시켜야 떠다니지 않을 거야."

조지는 아빠가 풍력 터빈 고치는 걸 돕던 일이 생각났다. 그는 조심조심 이봇을 손에서 놓고 무릎을 꿇고 앉아서 혜성의 거친 표면에 못 두 개를—문 양옆에 하나씩—대고 반동을 조심하면서 망

치질을 했다. 이봇의 다리가 공중에 휘날렸고, 애니는 뒤에서 로봇을 잡아 주었다.

애니도 조지도 주변을 구경할 기분은 아니었지만 그런 가운데에도 가까이 떠 있는 태양계 최대 행성을 힐끔거리지 않을 수 없었다. 아무리 기막히고 위험한 곤경에 빠져 있어도, 눈앞의 목성을 외면할 수는 없었다. 목성은 별빛 가득한 하늘을 압도하듯 거대하게 떠 있었다. 그 모습은 누군가 불규칙한 줄무늬를 그려 넣은 대형 공 같았다.

"와……. 정말 웅장하다!"

애니가 속삭이는 목소리가 헬멧의 음성 전송기를 통해 조지에게 들렸다.

"목성은 영어로 주피터야. 로마 신화에 나오는 신들의 왕 말이야. 그 이름이 정말 딱 맞는 것 같아."

"정말 빨갛다!"

조지가 잠시 망치질을 멈추고 300년도 넘는 세월 동안 목성에 부는 폭풍인 대적점을 살펴보며 말했다. 지구의 천문학자들은 수세기 동안 망원경으로 그것을 보았지만, 조지와 애니는 목성의 미색과 갈색의 줄무늬 사이에서 몰아치는 그 붉은 회오리를 바로 눈앞에서 보았다.

 그런 멋진 광경에 정신이 팔린 사이에 이봇은 다시 우주의 문에서 떠내려가려 하고 있었다.
 "서둘러!"
 애니가 로봇을 고정시키려고 애쓰면서 속삭였다.
 "됐어!"
 조지가 말하고 못에 우주 밧줄을 감싼 뒤 이봇의 우주복 고리에 묶었다. 이봇은 지구 위의 헬륨 풍선 같았다.
 "이제 놔도 돼!"
 목성을 배경으로 두둥실 떠 있는 이봇을 보자 애니는 이상한 생각이 들었다. 우주여행을 하다가 집에 돌아갈 때가 되면 늘 이제 다시 안전한 곳, 자신이 가장 잘 아는 곳으로 돌아간다는 편안한 느낌이 있었다. 하지만 이번에는 달랐다. 애니도 조지도 이번에는 지구보다 우주가 더 자유롭고 안전하게 느껴졌다.

애니는 다시 문 안으로 들어가서 소리쳤다.

"아, 이런, 가장 중요한 걸 잊을 뻔했어! 이봇이 아빠의 호출 부호를 쓰게 해야 돼. 그래야 우주간 통신을 추적하는 자들이 아빠가 우주에 있다고 생각할 테니까. 코스모스가 어떤 내용을 전달할지 모르니까 I AM에게 아빠가 여기 있다는 걸 확실히 알려야 돼."

조지가 말했다.

"그걸 잊다니! 서둘러, 이봇을 불러서 대답하게 해."

애니가 이봇을 불렀다.

"아, 아빠, 제 신호에 응답해 주세요."

"그래."

로봇이 대답했다.

"지금 우주에 계세요?"

"그래."

로봇이 다시 말했다.

"혜성에 계세요?"

"그래."

"문은 언제까지 열려 있어?"

조지가 애니에게 속삭여 물었다.

"이제 금방 닫힐 거야."

애니가 코스모스의 배터리를 살펴보니 배터리 양이 급격히 줄어 있었다. 애니는 코스모스의 자판을 쳐서 줌 아웃 기능으로 우주의 문을 뒤로 밀어 보냈고, 이봇도 더 멀리 보이게 했다.

그들은 그 뒤로 몇 분 동안 더 문밖의 이봇을 보았는데, 그러다 보니 어느새 지구가 어두워지고 있었다. 초여름이었고, 이 계절에 북반구는 겨울보다 햇빛을 훨씬 많이 받았지만, 이제 바깥에 계속 있기에는 위험했다. 코스모스와 우주의 문은 상당한 빛을 내뿜었기 때문에 빛을 잃은 어두운 폭스브리지에서 눈에 확 띌 테고, 돌아온 군중의 표적이 될지도 몰랐다.

조지가 안타깝게 말했다.

"이제 문을 닫아야겠다. 어쨌거나 코스모스는 이제 배터리가 다 닳았어. 우주여행을 하면 에너지가 금세 소진되니까."

그들은 마지막으로 한 번 더 이봇을 돌아보았다. 이봇은 혜성 뒤편의 차가운 가스와 먼지의 행성 앞에서 줄에 묶인 연처럼 우아하게 떠 있었다. 제트 스키를 타고 하늘을 나는 모습처럼 보였다.

"안녕, 이봇. 아니, 아빠."

애니가 슬픈 목소리로 말한 뒤 속삭였다.

"얼른 잡혀가세요."

"안녕…… 어, 에릭 아저씨."

지구의 낮은 얼마나 길까?

겨울은 왜 여름보다 낮이 짧을까?

그것은 지구가 축이 기울어진 채 태양을 돌기 때문이다. 지구의 축이 똑바로 서 있다면, 낮과 밤은 일 년 내내 길이가 똑같을 것이다. 하지만 지구는 23.5도 기울어진 채 태양을 공전하고, 그 결과 공전 궤도의 일정 지점에 이르면 북극과 북극권이라고 부르는 지역은 태양과 너무 멀어져서 햇빛을 전혀 받게 되지 못하게 된다.

이런 일은 북반구에서는 12월 20일에서 12월 23일 사이에 일어난다. 이때를 동지라고 한다.

반대로 같은 시기에 남반구의 남극은 24시간 내내 햇빛을 받는다. (정확하게 말하자면 하루의 길이는 24시간에 살짝 못 미치지만 반올림하면 그렇다.)

지구가 태양을 돌기 때문에, 기울기는 점점 변해서 반대가 된다. 하지(6월 20일에서 6월 22일 사이)에 북극은 24시간 내내 밝다. 남극과 북극 사이에 있는 나머지 지역은 각기 다른 양의 햇빛을 받고 낮의 길이가 길어지거나 짧아진다.

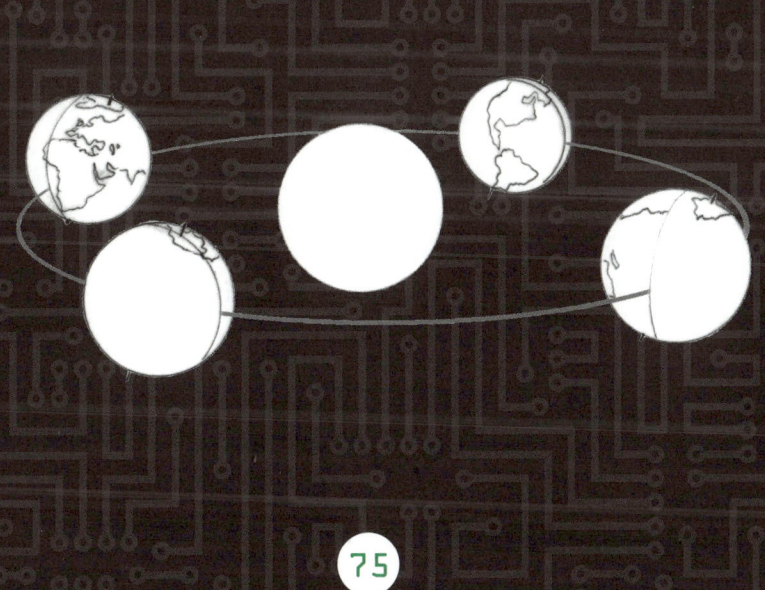

조지가 말했다.

"젠장."

애니는 문을 닫으라는 명령을 내리려고 두 손을 자판 위에 둔 채 말했다.

"나는 이게 통할 거라고 완전히 믿었어. I AM이 우주 통신 채널을 전부 감시할 거라고, 아빠가 우주에 나가면 지난번처럼 로봇들이 재빨리 나타날 줄 알았는데."

조지가 말했다.

"달로 가는 게 좋았을지도 모르겠다. 혹시 I AM이 거기만 있는지 모르잖아."

애니가 물었다.

"하지만 코스모스는 내 화학 숙제와 관련된 일밖에 못 하게 되어 있는걸. 거긴 갈 수가 없어."

조지가 말했다.

"너네 아빠가 우주에서 답을 찾는 건 가로등 밑에서 열쇠를 찾는 것과 같다고 말했어. 열쇠가 거기 있어서가 아니라 빛이 비치는 데가 거기뿐이라서 그렇다고."

애니가 슬픈 목소리로 말했다.

"그래, 이것도 비슷한 것 같아. 어쨌건 더 기다릴 수는 없어. 문을 닫기 전에 이봇을 다시 불러들일까?"

애니는 이봇에게 다가가려고 줌으로 문을 당기는 명령을 내렸다. 그때 조지가 혜성 위에 붉은빛이 반짝이는 것을 보았다.

"애니, 비켜!"

조지가 소리쳤다.

애니는 우주의 문에서 펄쩍 뛰어 뒤로 물러서면서 그 붉은빛이 이봇의 가슴에 찍히는 모습을 보았다. 그러더니 잠시 후 집게 손의 로봇이 이봇을 혜성에 묶어 둔 못을 거칠게 잡아당겼다.

"놈들이 왔어!"

조지가 속삭였다. 잠시 후 슈퍼컴퓨터의 배터리가 떨어지면서 우주의 문도 닫혀 버렸다.

14장

"됐어! I AM이 이봇을 데려갔어!"

애니가 큰소리로 말했다.

"그러니까 이제 우리는 놈들이 이봇을 자기네 본거지로 데리고 갈 때까지 기다렸다가 이봇의 안경으로 그게 어디인지를 알아내기만 하면 되네!"

조지가 대답했다.

그들은 우주 헬멧을 쓴 채 환하게 웃었다. 그런 뒤 헬멧을 벗고 우주복도 벗었다.

"해냈어! 우리가 이봇이 납치당하게 했어!"

애니에게서 자부심이 흘러넘쳤다.

조지가 말했다.

"이제 좀 더 안전한 곳에 가서 기다리자. 어두운 밤에 나무 집에 있으면 안 될 것 같아."

조지가 허리를 굽혀 우주 장화를 벗다가 무언가를 알아차렸다.

조지가 천천히 말했다.

"애니, 그 오물 있잖아. 내가 너네 집 부엌에서 묻혀 온 거……."

"응."

애니는 코스모스의 검은 스크린을 바라보며 말했다.

"없어졌어."

"그게 무슨 소리야, 없어졌다니?"

애니는 고개도 들지 않고 물었다.

조지가 신발을 가리키며 말했다.

"내 우주 장화의 오물, 그게 우주 장화에 잔뜩 묻어 있었고, 살아서 움직이는 것 같았거든! 근데 그게 없어졌어!"

애니가 말했다.

"와! 그게 정말로 살아 있어서 혜성으로 달아난 거면!"

"우리는 코스모스한테 생명의 재료를 찾으려고 우주에 나가야 한다고 말했어! 그런데 반대로 우주에 생명을 가지고 가서 남겨 두고 왔어……."

조지가 천천히 말했다.

"'우리'라고?"

애니가 몸을 빙글 돌려 조지를 바라보고 말했다.

"아, 생명의 재료를 조사하는 건 너긴 하지."

조지가 말했다.

"그래, 하지만 나는 살아 있는 점액질을 묻히고 우주로 나갔다가 그게 자기 서식지를 찾아 떠나게 만들지는 않았어."

그 말에 답하듯이 조지의 배에서 꼬르륵하는 소리가 울렸다.

그 소리에 둘은 긴장이 풀려서 웃음을 터뜨렸다. 그들은 얼른 우주복과 헬멧을 나무 집에 숨겼다.

코스모스는 이제 깊은 잠에 빠져서 더 이상 그들의 말을 들을 수도 없고 그들과 대화를 할 수도 없었다.

"이제 뭘 해야 되지?"

애니가 조지에게 조용하게 물었다.

"이봇이 어디로 갔는지 안경을 통해서 알아봐야 돼. 그리고 우리가 그리 갈 방법도 알아봐야 돼."

"일단 밤을 보낼 곳부터 찾아야 해, 조지. 이제 좀 무섭다."

애니의 말에 조지가 대답했다.

"난 아까는 무서웠는데 지금은 안 무서워. 온 세상이 무너진다면 어떨까 생각할 때는 무서웠어. 상상만 할 때가 훨씬 더 무서워. 하지만 이제 그런 일이 실제로 일어나고 있잖아. 어쨌건 우리가 여기서 멈추면 안 돼. 가장 중요한 건 그거야."

"우리가 코스모스를 이용해서 이봇이 있는 곳으로 갈 수 있을까? 이봇이 어디 있는지 알아내기만 하면?"

조지가 대답했다.

"아니, 어려울 것 같아. 코스모스는 너무 위험해. 지구의 컴퓨터 시스템을 모두 망가뜨린 사람이 코스모스도 조작해서 이상하게 만들어 놨다고 봐야 돼. 그리고 지금은 배터리도 없잖아. 코스모스를 쓰고 싶어도 쓸 수가 없어. 적어도 그 코스모스는! 잠깐, 애니, 따라와 봐! 좋은 생각이 났어."

조지는 그렇게 말하고는 서둘러 밧줄 사다리를 내려갔다. 그리고 마지막 몇 칸을 훌쩍 건너뛰어 단단한 땅에 내려선 뒤 마당을 지나 뒷문으로 갔다.

"조심해!"

발밑에서 날카로운 소리가 나자 조지가 애니에게 속삭였다.

"유리창이 깨져서 유리 조각들이 뒹굴고 있어."

그들은 조심조심 조지네 집 부엌으로 갔고, 식구들이 숨어 있는 지하실 문을 가볍게 건너갔다. 그러다 잠시 멈춰서 귀를 기울여 보았지만, 들리는 건 두 엄마의 조용한 대화 소리뿐이었다.

조지는 애니에게 강하게 고개를 저어서 애니가 아무 말도 하지 못하게 했다. 애니도 아무 말 없이 고양이처럼 살금살금 현관을 향해 갔고, 조지가 그 뒤를 바짝 따라갔다. 현관문이 떨어져 나가 있어서 집 안에 약간의 빛이 들어왔다. 그들은 그 빛 속에 스케이트보드를 찾아서 집어 들었다.

조지가 텅 빈 거리를 내다보고 속삭였다.

"이쪽으로. 빨리!"

애니와 조지는 지난해에 스케이트보드 챔피언 빈센트와 함께 놀면서 스케이트보드를 배웠다. 빈센트는 그들에게 기본 동작도 가르쳐 주고 보드도 한 개씩 선물로 준 뒤 영화감독 부모님이 있는 할리우드로 돌아갔다. 빈센트만큼 스케이트보드를 잘 탈 수는 없겠지만, 그래도 둘 다 꽤 잘 탈 수 있게 되었다. 하지만 어둠 속에서 타 본 적은 없어서 조지의 집 현관문 앞에 보드를 들고 서자 불안감이 밀려왔다.

"어디로 가려고?"

애니가 물었다.

조지가 말했다.

"대학교에 있는 너네 아빠 연구실. 들어가는 방법은 알지?"

애니가 말했다.

"현관문 여는 방법은 알아. 그런데 거기는 왜 가?"

조지가 말했다.

"구형 코스모스를 찾으려고! 너네 아빠가 전에 쓰던 컴퓨터 말이야! 최초의 슈퍼컴퓨터. 그게 수학과 지하실에 있잖아. 그게 우리의 유일한 희망이야. 지금도 그게 작동된다면 말이야. 하지만 그래도 가서 봐야지. 이봇은 아직 아무 신호도 없어?"

"이런!"

애니가 바지 주머니에서 원격 안경을 꺼내 썼다. 그리고 시선 맞춤 기술로 스크린을 바꾸었다.

애니가 말했다.

"아직 아무것도 안 보여. 잠깐, 이게 뭐지?"

"뭔데?"

조지는 이봇의 신호가 잡히는지 궁금해하며 물었다.

애니가 말했다.

"모든 게 다 또렷하게 보이는데, 세상이 온통 불쾌한 녹색으로 변해 있어."

조지가 말했다.

"야간 투시 기능일 거야! 안경에 야간 투시 장치가 있을 거야!"

애니가 말했다.

"와! 그러면 내가 길을 앞장설 수 있겠네. 내가 앞에 가면 내가 보여?"

"바짝 붙어 가면 네 운동화의 반짝이는 보여."

조지가 말했다.

"그럼 가자. 시간 없어."

애니는 조지를 앞서 달리면서 조지가 잘 따라오는지 계속 뒤를 돌아보았다. 그리고 야간 투시경으로 오른쪽 왼쪽을 살피면서 도로 한복판을 달렸다. 자동차는 없었지만 애니는 가장 빠른 길을 택하지 않고, 몇 번이나 사람들 무리를 피해 옆으로 새어 돌아갔다.

다행히 안경 덕분에 남들이 알아보기 훨씬 전에 애니가 먼저 다른 사람들을 알아볼 수 있었다. 하지만 모두 녹색으로 보여서 상당히 무서웠다. 애니도 조지도 그런 사람들하고 마주치고 싶지는 않았다.

폭동은 아직도 들끓었다. 여전

히 꽤 많은 사람이 약탈품을 찾아 길거리를 쏘다녔다. 애니와 조지는 약탈당하고 싶지도 않았다.

그들은 유서 깊은 대학 도시 폭스브리지의 중심가를 지나갔다. 웅장한 기둥과 아치와 안뜰이 있는 단과 대학들 앞을 지나가다가 둘은 폭스브리지가 정말로 심각하게 변했다는 것을 보여 주는 장면과 맞닥뜨렸다. 중세 시대 건물처럼 탑도 있고, 스테인드글라스도 있고, 널따란 잔디가 펼쳐진 어느 대형 단과 대학의 정문 앞에 사람들이 모닥불을 둘러싸고 서 있었다. 그런데 그 사람들은 쓰레기통에서 구한 음식을 굽고 있는 것 같았다.

그들을 피하려면 너무 멀리 둘러 가야 했기에 애니는 그 사람들을 최대한 빨리 지나쳐 가기로 마음먹었다. 애니는 빠른 속도로 그들을 향해 달려갔고, 조지가 뒤에 바짝 따라붙었다.

한두 명이 스케이트보드 소리에 고개를 들었지만, 그들이 가는 길을 가로막거나 따라오려고 하지는 않았다. 애니와 조지는 그 곁을 휙 지나쳐서 우아한 곡선을 그리며 좁은 길로 들어섰다.

조지가 말했다.

"쉬운데! 아무도 우리한테 관심이 없어!"

하지만 그 말은 너무 성급했다.

그들이 에릭의 연구실을 향해 달려갈 때 뒤에서 무슨 소리가 들리더니 점점 가까워졌다. 스케이트보드로 씽씽 달리면서 뒤를 돌아보기란 쉬운 일이 아니었지만, 조지는 어렵게 뒤를 돌아보았다.

"누가 우리를 쫓아와!"

조지는 그 사람이 듣건 말건 상관하지 않고 애니에게 소리쳤다.

"누가?"

애니의 목소리가 산들바람에 실려 조지에게 날아왔다.

조지가 대답했다.

"로봇이야. 달에서 우리를 쫓아온 것과 같은 로봇! 점점 가까워지고 있어!"

로봇은 아직은 거리가 꽤 떨어져 있었지만, 달에서 그랬던 것처럼 조금씩 따라잡고 있었다.

"더 빨리 가자!"

조지와 애니는 너무 빨리 달려서 주변의 풍경도 제대로 보이지 않았다. 뒤에서는 로봇이 잔돌에 걸려 넘어졌다. 첨단 기술 로봇은 우둘투둘한 옛날 길을 달리는 데는 어려움이 있는 것 같았다.

수학과 건물 현관 앞으로 달려갈 때 조지가 말했다.

"로봇이 멈췄어! 애니, 얼른 문 열어!"

"너무 이상한데!"

애니는 헐떡이며 문을 향해 돌아섰다. 어두운 건물에는 인적이 보이지 않았다.

"우리가 무슨 잘못을 했지? 아빠 대신 우리를 잡으려는 거야?"

조지가 말했다.

"돌아보지 말고 그냥 문부터 열어."

조지는 어둠 속에서 불길한 은빛 형체가 몸을 일으키고 다시 자신들을 향해 달리는 것을 보았다.

애니는 고개를 끄덕이고, 수학과 건물의 숫자 자물쇠에 정신을 집중했다. 작은 원형 자물쇠는 현관 옆 낡은 놋쇠 패널에 비죽 튀어나와 있었다.

조지는 머릿속으로 소리 없는 비명을 질렀다. 비밀번호를 기억해 내려는 애니의 정신을 흩뜨릴 수는 없었다. 그 사이 로봇은 아주 가까워졌다. 그들 앞에는 문으로 가로막혀 있었기 때문에 달리 도망갈 데도 없었다.

마침내 애니가 번호를 맞추었고, 자물쇠가—전자 장치가 아니라 기계 장치였다—풀리면서 크고 낡은 문이 열렸다. 둘은 얼른 안으로 들어갔다. 문이 쾅 닫히자 안도의 한숨을 내쉬었다. 안쪽은 아직 캄캄했고, 로봇이 현관문을 부술 듯 두드리는 걸 생각하면 이곳도 결코 안전하지 않았다.

조지가 속삭였다.

"구형 코스모스. 그걸 찾아야 돼."

애니는 야간 투시경으로 어둠을 헤치고 지하로 내려가서 구형 코스모스가 있는 방의 문 앞까지 갔다. 그리고 거기서 멈추어 섰다. 문이 잠겨 있었다.

위층에서는 로봇이 현관문 주변의 창문을 깨는 소리가 들렸다.

"어떻게 들어가지?"

애니가 속삭였다.

문 옆에 번호 키가 희미하게 빛났다.

"비밀번호가 어떻게 돼?"

조지가 물었다.

"몰라, 이것저것 눌러 봐야 될 것 같아."

애니가 일련의 숫자를 눌렀다.

"무슨 숫자야?"

조지가 공포를 다스리려고 애쓰며 물었다. 애니의 집중력을 깨뜨리면 안 되었다.

애니가 말했다.

"먼저 해 본 건 아빠 생일인데 아냐. 그다음에는 엄마 생일이었고, 이제……."

애니가 다시 숫자를 입력하자 이번에는 문이 열렸다. 그들은 안으로 들어갔다.

애니가 안도에 거의 울먹이는 목소리로 말했다.

"내 생일이야. 그게 비밀번호였어!"

등 뒤에서 문이 철컹 하고 기분 좋은 소리를 내며 닫혔다.

그 방에는 거대하고 다소 낡아 보이는 외관의 기계가 그들을 기다리고 있었다. 그것은 지하실 공간의 대부분을 차지하는 엄청난 크기로, 줄줄이 늘어서고 겹겹이 쌓인 많은 장치에 방대한 회로를 담고 있었다.

컴퓨터란 무엇인가?

수학 법칙

우주의 놀라운 특징 한 가지는 그 안의 모든 것, 그러니까 행성에서 빛줄기, 음파까지 다 수학 법칙을 따르고 있다는 점이다. 그래서 우리는 수학을 통해 세상을 예측할 수 있다.

컴퓨팅 기계는 이 과정을 뒤집는다. 우리가 설계하고 우리가 선택한 수학에 따라서 행동하도록 부품들을 조립한다. 그런 뒤 기계가 자연스럽게 운용되게 하면, 기계는 수학을 수행해서 답을 내놓는다. 기계의 바탕이 되는 이론, 그것을 만든 방식, 우리의 측정값이 모두 정확하면, 최종적 답도 정확하다고 믿을 수 있다.

오늘날 우리는 컴퓨터의 메모리 용량과 프로세서 능력만 충분하다면 프로그램을 통해서 거의 모든 일을 하게 만들 수 있고, 프로그램 자체도 데이터라는 개념에 익숙하다. 하지만 오늘날 우리가 사용하는 컴퓨터는 초기 설계에서 많은 변화와 발전을 이룬 것이다.

고대의 아날로그 컴퓨터

2세기 그리스에서 고대 컴퓨팅 기계—안티키테라 메커니즘—를 만들었다. 그것은 회전 톱니바퀴들로 태양, 달, 행성의 주기적 행동을 흉내 내는 기계였다. 이 기계의 설계자는 하늘을 움직이는 천체들과 놋쇠 바퀴가 서로 비슷한 모습을 보이게 만들었다. 즉 놋쇠 바퀴들을 복잡한 장치를 통해 신중하게 배열해서 각기 다른 시기의 천체들의 배치를 정확히 반영하게 한 것이다. 이것은 특정한 물리적 체계와의 유사성에 토대하고 있기 때문에 아날로그 컴퓨터가 된다. ('아날로그'란 본래 '유사한 것'이라는 뜻이다.)

슬라이드 자—중간 부분을 밀 수 있는 자—도 초기 아날로그 컴퓨터의 한 가지다. 이 작고 가벼운 장치는 17세기에 발명되어서 손바닥 만한 전자계산기가 나온 1970년대까지 쓰였다. 슬라이드 자는 로그 함수에 토대해서 만들었다.

하지만 아날로그 컴퓨터는 한계가 명백했다. 가장 큰 단점은 한 종류의 문제만을 풀 수 있고, 정확성도 정해져 있다는 점이었다. 다른 문제를 풀려면 다른 수학적 행동이 필요하고, 그래서 다른 유추, 다른 설계, 다른 기계가 필요했다. 반면에 인간은 다른 방식으로 계산을 한다. 사람이 방정식을 풀 때는 애초의 방정식을 수학 법칙을 사용해서 한 단계 한 단계 다른 방정식으로 바꾼다. 학교에서 배우는 이차 방정식을 푸는 과정과 비슷하다.

사람들은 문제를 이런 방식으로 풀 새로운 형태의 컴퓨터 장치를 필요로 하게 되었다.

증기로 움직이는 컴퓨터!

기계 계산기는 17세기 파스칼이 만든 것으로 당시로서는 획기적이었다. 그 후 1837년에 찰스 배비지가 '분석 엔진'을 설계했다. 그것은 만들어졌다면 최초의 프로그램 가능 컴퓨터가 되었을 것이다. 펀치 카드로 프로그램과 데이터를 작성하고, 기계 부품들만 사용하며, 만능 튜링 기계처럼 작동한다는 것이 그 얼개였다. 물론 그래도 오늘날의 컴퓨터보다는 억만 배 느렸겠지만! 이 컴퓨터의 동력은 증기였다.

튜링에서 최초의 디지털 컴퓨터로

디지털 컴퓨터는 알고리즘을 자동으로 수행하도록 설계한 기계다.(인간이 알고리즘을 수행하는 것과 방식이 같지만 속도가 훨씬 빠르다.) 실제로 그것은 (크기가 아주 클 수도 있는) 입력 정수를 출력 정수로 바꾼다.

컴퓨터란 무엇인가?

왜 정수인가?

텍스트를 숫자로 바꾸는 것은 쉽다. 예를 들면 아스키(정보교환용 미국표준코드) 표에서 'A'는 65, 'z'는 122로 표시된다. 실제 숫자를 다룰 때는 소수점 이하를 항상 특정 자릿수까지 쓰게 된다. (예:99.483) 이것은 0.99483에 100(또는 10×10, 수학적으로 쓰면 10^2)을 곱한 것과 같다. 그래서 디지털 컴퓨터는 정수 99483과 숫자 2만 저장하면 된다. 2는 사용된 10의 멱수(거듭제곱으로 된 수)다. (10^2)
컴퓨터는 대개 0과 1 값만을 취하는 2진 숫자(비트)로 작동된다. 그리고 모든 데이터—숫자, 텍스트, 이미지, 프로그램 명령—는 2진법 정수로 표현(코딩)되고, 컴퓨터 메모리 내에서 합쳐져서 아주 긴 2진 숫자를 이룰 수 있다.

디지털 컴퓨터의 수학적 토대는 만능 튜링 기계이다. 디지털 컴퓨터는 프로그램(특정 튜링 기계에 대한 명령 목록으로, 아주 긴 2진 숫자 형태로 코딩할 수 있는 것)을 입력의 일부로 받아들이고 이것을 사용해서 나머지 입력에 똑같은 작업을 수행한다. 그래서 오늘날 우리가 이해하는 '컴퓨터'는 알맞은 프로그램이 입력되고 그것을 운용할 시간과 메모리가 충분하다면 '튜링 기계가 수행 가능한' 모든 컴퓨팅을 할 수 있는 기계를 말한다.

그러한 컴퓨터 가운데 최초의 것은 1941년에 나왔다. 독일의 콘라트 추제가 만든 Z3였다. 이것은 톱니바퀴 대신 전화 계전기를 사용했고, 그래서 기계식이라기보다는 전자—기계식이었다. 입력은 구멍을 뚫은 필름 테이프로 했다. 1946년에 곧 최초의 전자 범용(튜링 완전) 디지털 컴퓨터가 뒤를 이었다. 이것이 미국의 에니악이다. 하지만 그 안쪽의 전자 장치는 오늘날처럼 칩이 박힌 보드가 아니라 전구만 한 크기의 진공관으로 이루어졌다. 크기도 2.4m×0.9m×30m라는 엄청난 크기였고, 바닥 면적을 167제곱미터(약 50평)나 차지했다!

1949년 케임브리지 대학은 밸브에 토대한 새로운 전자적 튜링 완전 컴퓨터 에드삭을 연구용으로 만들어서 사용하기 시작했고, 그 후 몇십 년이 지나는 동안 전자 장치들은 진공관에서 트랜지스터로, 이어 집적 회로와 수많은 전자 부품을 실리콘 한 조각에 새긴 마이크로프로세서로 변하면서 크기가 점점 줄어들었다.

오늘날의 컴퓨터

오늘날의 컴퓨터는 디지털 데이터와 명령을 읽고 저장할 수 있으며, 자판을 눌러서—아니면 마우스나 터치스크린을 사용해서—원하는 것을 자동적으로 수행시키는 기계다. 이런 컴퓨터들은 옛 조상들보다 크기가 훨씬 작다. 그리고 전자 장치들은 점점 더 많은 작은 부품들이 더 가깝게 밀착되면서 계속 작아졌지만, 컴퓨터의 속도는 어마어마하게 빨라졌다.

하지만 1930년대의 튜링 기계와 달리, 현실의 컴퓨터는 아직도 메모리 용량이 한정되어 있다. (예: 8GB 램 등) 또 기본 연산을 아주 빠른 속도—예를 들면 초당 2백억 단계 또는 '부동소수점 연산'(20기가플롭스) 정도—로 수행해야 한다.

예를 들어 우리가 개인 컴퓨터에서 이미지 파일을 더블 클릭하면, 디스크에 있는 뷰어 응용프로그램과 이미지 파일이 모두 메모리로 불려 가고, 프로세서가 이미지 데이터에 응용 프로그램의 명령—이미지 데이터를 올바른 색깔의 점으로 해독해서 스크린에 띄우라는—을 내려서 우리가 요청한 이미지를 볼 수 있게 해 준다. 그것도 아주 빨리 보게 해 준다.

오늘날 대부분의 컴퓨터는 영구 저장 장치(하드 디스크)가 있어서 컴퓨터를 꺼도 파일이 사라지지 않는다. 또 많은 컴퓨터가 다른 컴퓨터들과 연결되어 있고, 인터넷에 접속이 가능하다.

지금은 많은 가정에 개인용 컴퓨터가 있고, 한 집에 두 대 이상인 경우도 많다. 또 개인들은 태블릿 PC도 가지고 다니고, 스마트폰으로 인터넷에 접속도 한다. 해마다 신기술이 쏟아져 나오기 때문에 미래의 컴퓨터는 오늘날과 크게 다를 수 있다.

- 1바이트는 8비트를 말한다. 이것은 알파벳 한 글자를 저장할 수 있는 용량이다.
- 1기가바이트는 1,073,741,824바이트다.

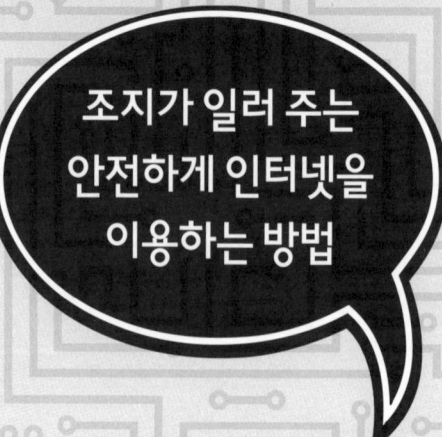

개인 정보를 알려 주지 말 것

안전한 인터넷 생활을 하고자 한다면 인터넷으로 채팅을 하거나 글을 올릴 때 개인 정보를 알려 주지 않는다. 개인 정보란 우리 이름, 이메일 주소, 전화번호, 비밀번호 등을 말한다. 앱이나 온라인으로 만난 사람이 그런 것을 알려 달라고 하면 반드시 부모님이나 믿을 만한 어른에게 물어보고 결정한다.

이메일은 주의해서 사용할 것

모르는 사람이나 신뢰하지 않는 사람이 보낸 이메일, 인스턴트 메시지, 파일, 그림, 텍스트를 열면 문제가 생길 수 있다. 그런 데이터에는 바이러스가 있을 수도 있고 고약한 내용이 있을 수도 있기 때문이다.

온라인 친구는 조심할 것

온라인으로만 알고 지내는 사람을 만날 때는 조심해야 한다. 그럴 때는 반드시 부모님이나 보호자의 허락을 받아야 하고, 때에 따라서는 어른과 함께 만나는 게 좋다. 온라인 친구는 아무리 오랫동안 이야기를 나누었어도 실제로는 여전히 모르는 사람이라는 것을 잊지 말아야 한다.

사실일까? 거짓일까?

온라인으로 만난 사람은 자신에 대해 얼마든지 거짓말을 할 수 있고, 인터넷에는 사실이 아닌 정보도 많다. 그렇기 때문에 언제나 다른 웹사이트, 책, 또는 그 일을 잘 아는 사람을 통해 정보를 확인해 봐야 한다. 온라인 채팅을 하고 싶을 때는 실제로 아는 친구 및 가족들하고만 채팅하는 것이 가장 좋다.

가족과 함께

자신이 온라인으로 무슨 일을 하고 누구와 이야기를 하는지 부모님이나 보호자 또는 믿을 만한 어른에게 알려 준다. 인터넷에 비밀을 말하면 안 된다. 어른들이 있는 방에서 인터넷을 사용하고 우리가 하는 일을 어른들이 보게 한다. 그러면 어떤 일이 생겨도 서로 이야기하기가 쉬워진다.

걱정된다면 말할 것

인터넷 상의 누군가 또는 무언가 때문에 불편하거나 걱정된다면, 또 우리 자신이나 우리가 아는 사람이 인터넷으로 괴롭힘을 당한다면 부모님, 보호자 또는 믿을 만한 어른에게 말한다.

인터넷은 우리가 쉽게 접근할 수 있는 가장 큰 공유 지식의 원천이다. 우리는 인터넷을 통해 우주, 기술, 새로운 아이디어에 대해 많은 것을 배울 수 있다. 재미있게 놀되 안전 수칙을 잊지 말자!

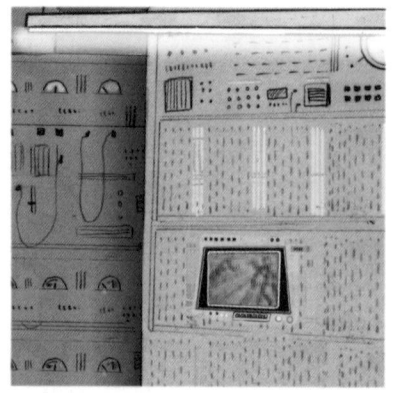
조지는 그것을 바라보다가 문득 오늘날의 컴퓨터들이 들고 다닐 수 있는 크기가 된 것이 정말로 놀랍다는 생각을 했다.

안녕, 애니. 안녕, 조지. 다시 만나서 반가워.

구형 코스모스가 구식 컴퓨터 종이—페이지가 모두 붙어 있고, 양쪽 가장자리에 한 줄로 구멍이 뚫려 있는—를 통해 말했다. 이 코스모스는 목소리가 없었기 때문에 하고 싶은 말은 종이에 프린트해야 했다.

쌍둥이 천체

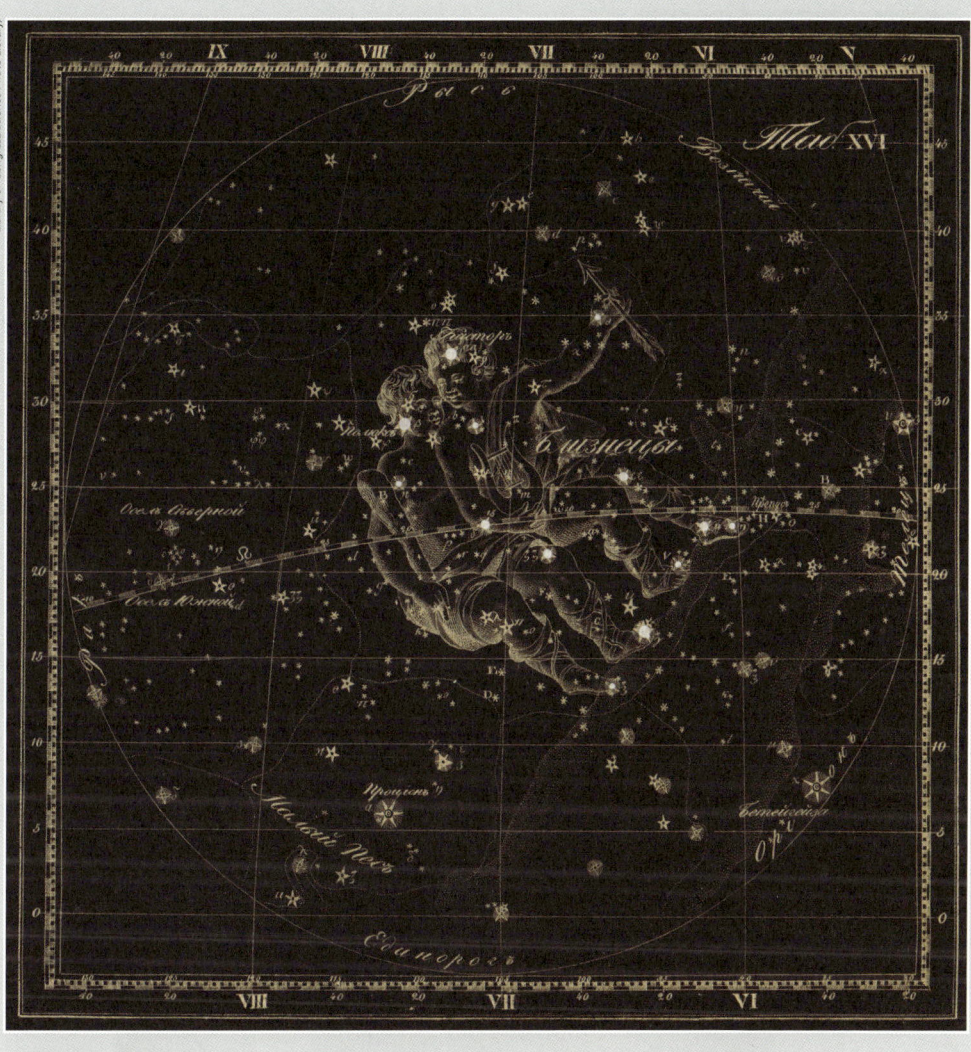

쌍둥이자리, 1829년.

쌍둥이 별들

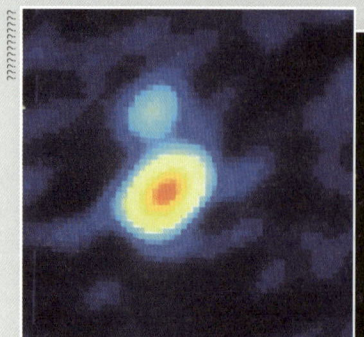

이중 퀘이서의
전파 지도.

쌍둥이 퀘이서.

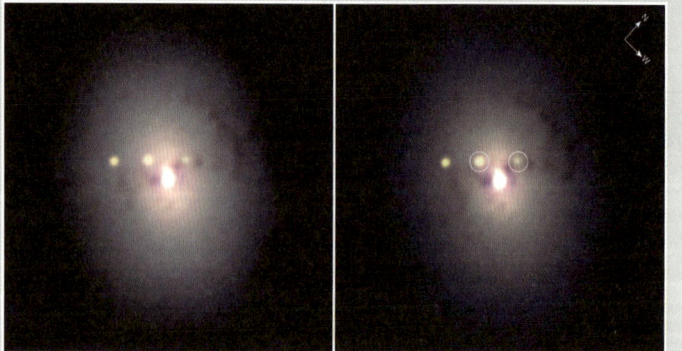

쌍둥이 별이 폭발하는 모습.

쌍둥이 별들

기이한 은하 한 쌍.

쌍둥이 달

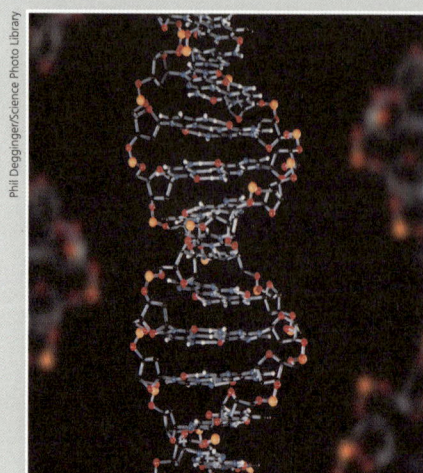

이중 나선.

외계 지적 생명체 탐사(SETI)용 광학 망원경.

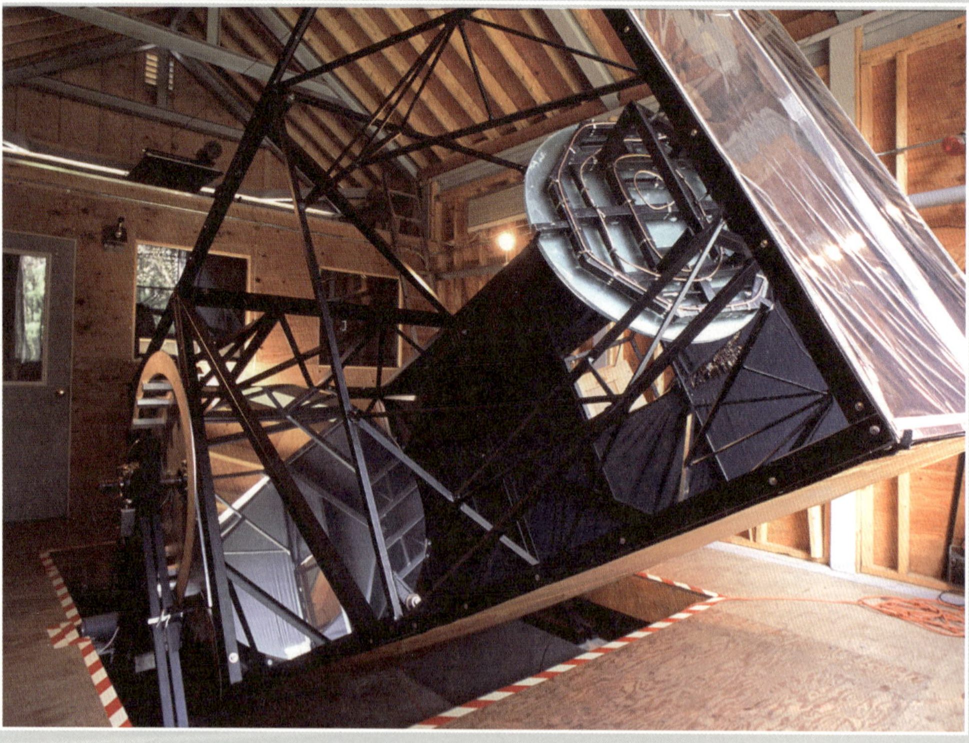

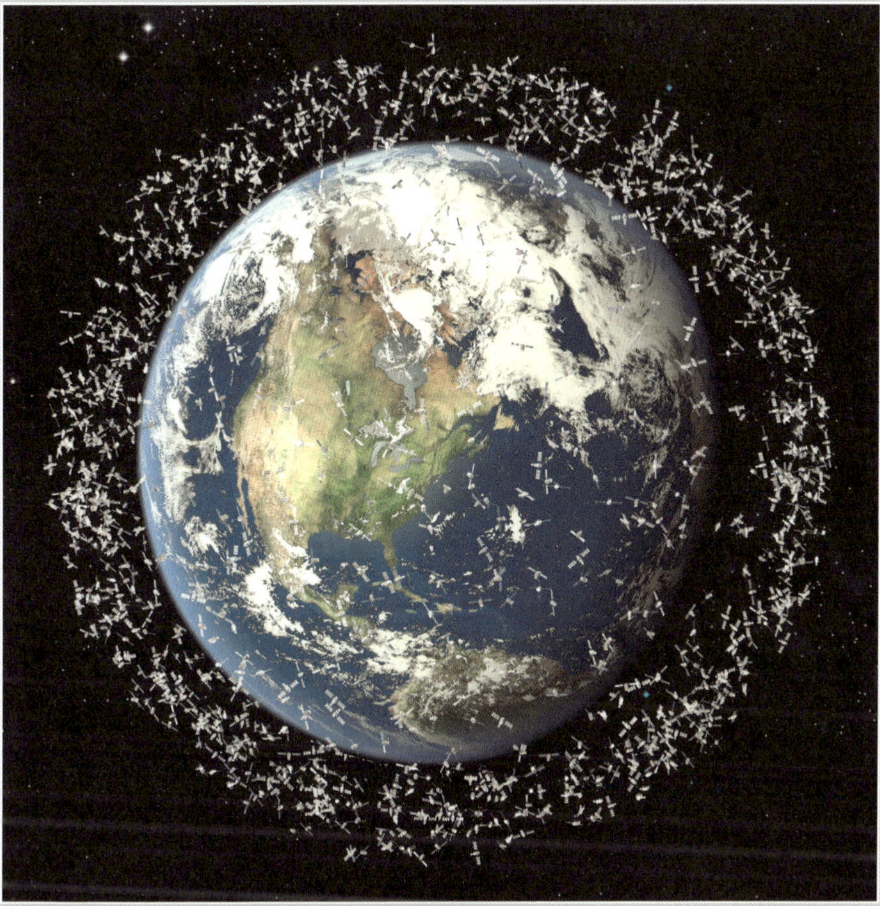

Roger Harris/Science Photo Library

우주 쓰레기.

NASA

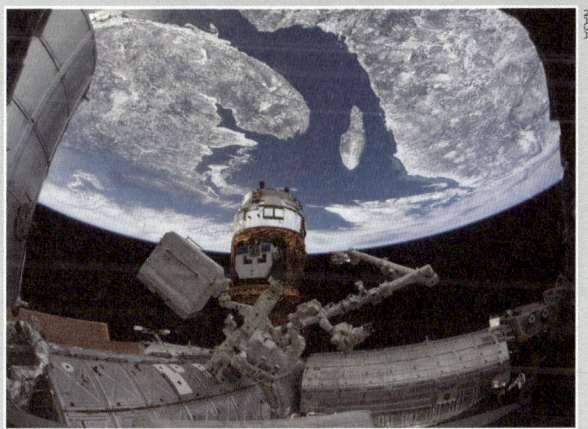

지구를 바라본 모습.

놀라운 우주

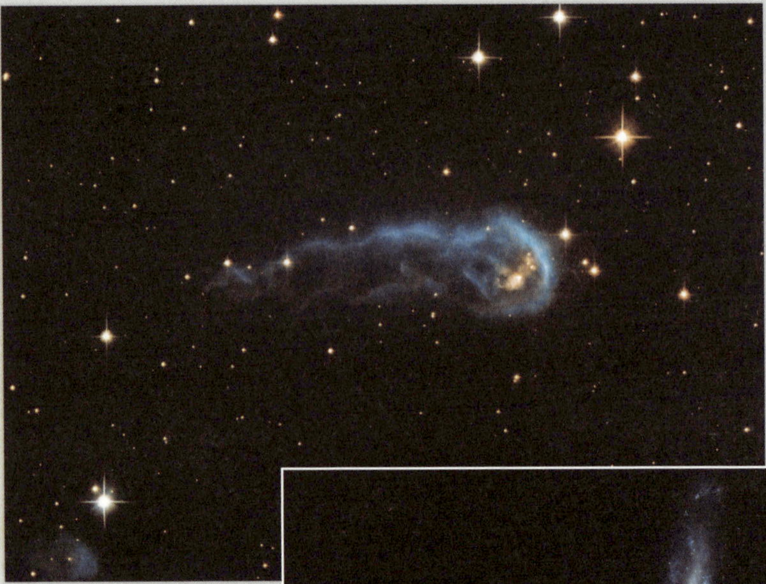

우주 벌레-백조자리에서 4500광년 떨어진 곳에 있는 초기 진화 단계의 원시성. 가스와 먼지로 길게 형성된 모습이 마치 애벌레 같다 하여 우주 벌레로 불린다.

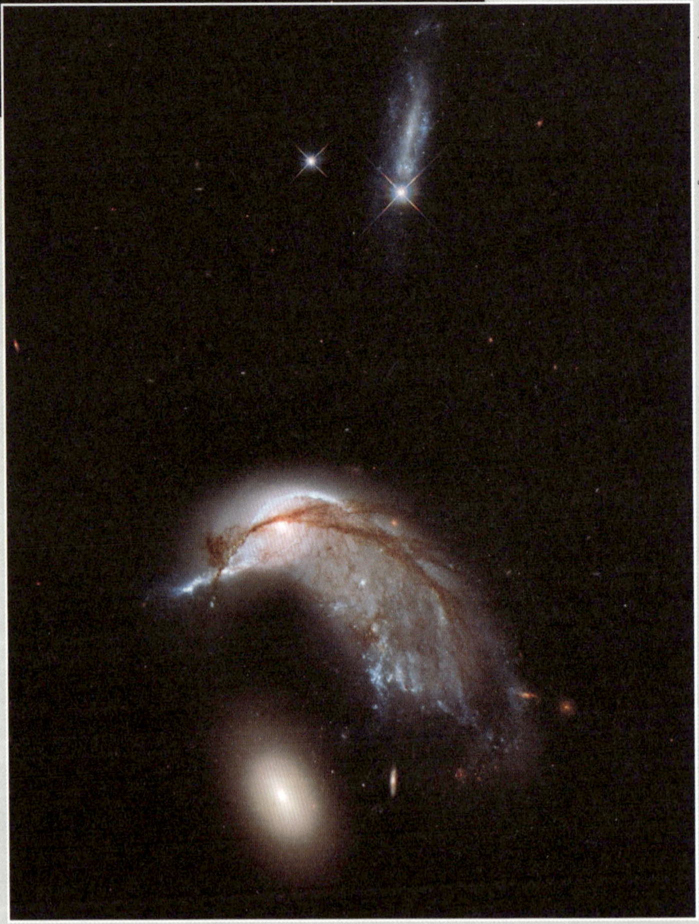

2013년 6월 20일
-충돌.

놀라운 우주

NASA, ESA and the Hubble Heritage Team (STScI/AURA) – Hubble/Europe Collaboration

NASA, ESA and JPL-Caltech

2013년 1월
—갈색 왜성.

놀라운 우주

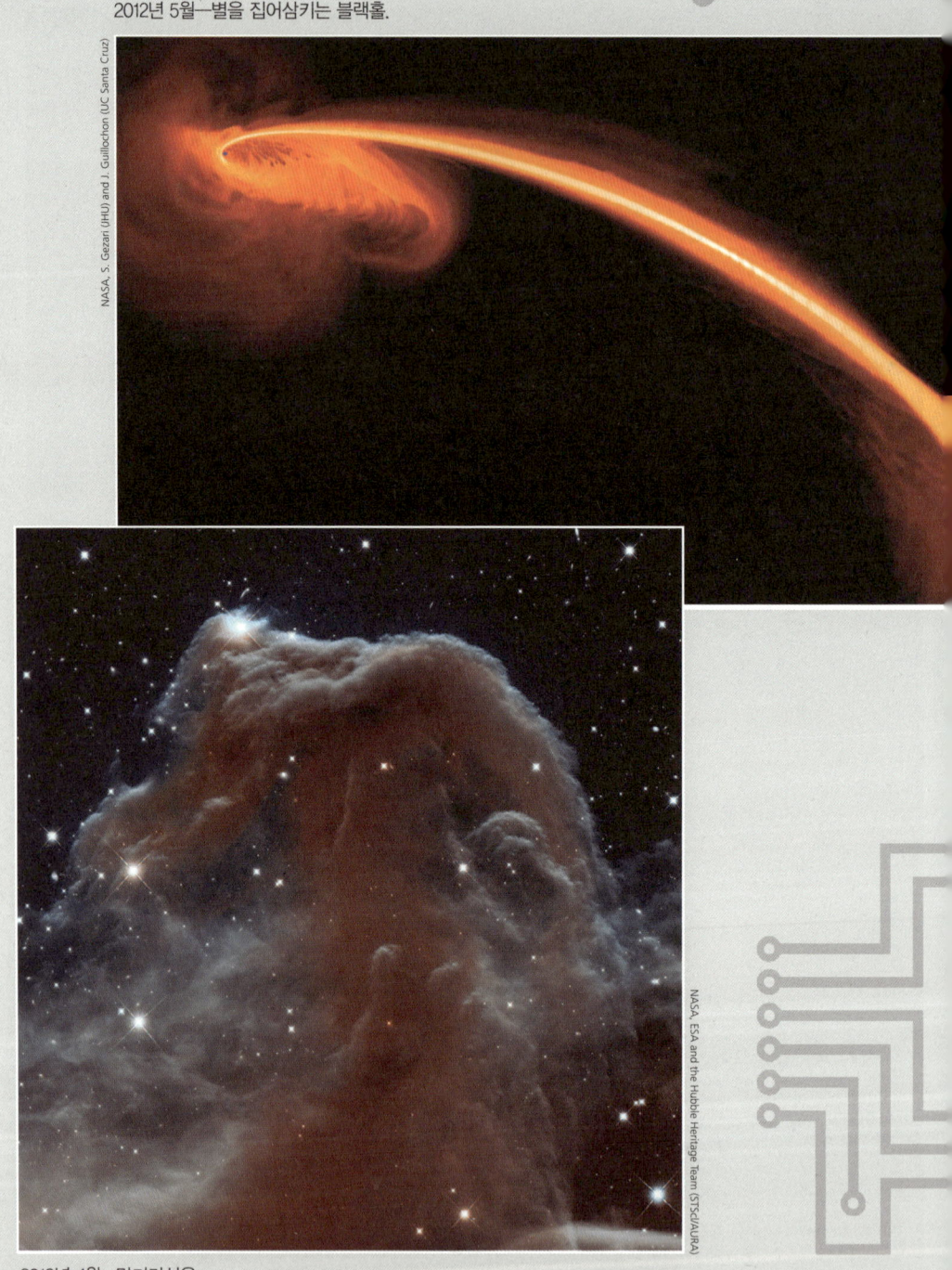

2012년 5월—별을 집어삼키는 블랙홀.

2013년 4월—말머리성운.

15장

　구형 코스모스의 집은 건조하고 따뜻하고 안락함까지 느껴졌다. 적어도 지상에서 벌어지는 일들에 비하면 그랬다. 환풍기 하나가 조용히 돌면서 오래된 컴퓨터의 과열을 막아 주었고, 퀴퀴해지기 쉬운 지하실 공기도 순환시켜 주었다. 구형 코스모스는 지열을 동력으로 삼고 있기 때문에, 지난 시대의 장치지만 에너지원은 미래 지향적이었다. 작년에 에릭은 전력 소모가 많은 기계들을 계속 운용하기 위해 재생 가능한 대체 에너지를 조사하고, 대학의 각기 다른 영역들이 개별적 에너지 시스템을 갖추도록 권유했다. 한 곳에 전력 공급이 실패해도 다른 곳이 그 영향을 받지 않게 하기 위해서였다. 지금 같은 상황에서 지구 핵으로부터 에너지를 공급받는 구형 코스모스는 그 건물에서 유일하게 작동하는 기계였다. 거대한 컴퓨터의 불빛들이 밝게 빛났다. 바깥세상에서 잿빛과 녹색만 보다가 그런 불빛을 만나니 아주 반가웠다.

"코스모스, 세상이 이상해졌어! 컴퓨터가 오작동하고 길거리에 로봇이 돌아다녀! 누가 널 공격하지는 않았니?"

조지가 묻고 이어 말했다.

"작은 코스모스는 해킹당했거든. 아마 이 모든 일을 저지르는 사람이나 조직의 소행 같아."

구형 코스모스가 말했다.

하하하. 누구도 나를 공격하지 않아. 날 고대 유물로 여기거든. 나를 공격하는 건 피라미드를 공격하는 거라고 생각할 거야.

애니가 다정하게 말했다.

"하지만 아니잖아. 그러니까 고대 유물 말이야. 피라미드도 아니고."

구형 코스모스는 이전에 만났을 때보다 훨씬 빠른 속도로 종이에 말을 찍었다.

맞아. 나는 놀라운 기술의 소산이야. 현대적 기능은 없을지 몰라도, 아직도 컴퓨팅 능력은 막강하다고.

"그러면 우리를 우주로 보내는 것도 할 수 있어?"

조지가 희망을 담아 물었다.

예전에 한 사용자가 우주의 문 기능을 보강했지.

코스모스가 위엄 있게 말했지만, 그것이 본래 기능이 아니었던 것은 정확히 인정하지 않았다.

애니와 조지는 서로를 바라보았다. 그 말이 무슨 뜻인지 알았다.

작년에 에릭의 옛 지도 교수였던 주주빈 교수가 사악한 계획을 품고 몰래 구형 코스모스를 사용했다. 그중에는 세계의 물리학자들이 거대 강입자 충돌기에 모였을 때 그곳을 폭발시키려 했던 일도 있었다. 주주빈은 과학자들을 모두 죽이고 자기만 남아서 옛날에 에릭이 허위임을 밝힌 자신의 이론이 학계에 받아들여지게 만들려고 했다. 그는 또 구형 코스모스를 타임머신으로 사용하려고 했다. 옛날로 돌아가서 과거를 수정하는 것이 목적이었다. 자신이 예전에 과학적으로 예언한 내용을 바꿔서 오늘날 천재처럼 보이게 하려고 했다. 하지만 주주빈은 역사를 바꿀 수 없었다. 과거는 그런 범죄 행위에서 스스로를 보호했다. 애니의 아빠를 비롯한 많은 과학자는 무사히 거대 강입자 충돌기를 빠져나와서 연구를 계속했다. 그런데 그때 주주빈이 해 놓은 일이 이 위기 상황에 다시 없이 유용해진 것이다.

"주주빈 교수가 우주의 문 기능을 추가했을 거야."

애니가 조지에게 속삭였다.

"와, 우리가 그 사람에게 고마워하게 될 줄은 몰랐는걸."

조지가 주주빈 교수를 떠올리며 대답했다. 그는 겉으로는 온화한 백발의 교수 같았지만 속은 시커멓기 짝이 없었다. '위험하다'는 말로는 주주빈을 제대로 표현할 수 없었다. 그를 표현하려면 '과대망상', '권력욕', '명성 집착' 같은 단어들이 필요했다.

"하지만 어디로 가? 우리는 이봇이 어디 있는지 아직 모르잖아!"

그러자 애니가 말했다.

"코스모스, 우리는 추적 장치가 있는 로봇을 우주로 보냈어. 이 안경을 사용하면 로봇이 어디 있는지 알아낼 수 있을 텐데 아직 보이는 게 없어. 하지만 곧 신호가 오기를 바라고 있어. 그 신호를 잡아서 우리가 어디로 가야 하는지 알아내 주겠니?"

코스모스가 말했다.

그야 쉽지. 그 하드웨어 장치를 내 포트에 연결해 봐.

"포트…… 포트…… 포트……."

애니는 구형 코스모스의 거대한 벽면을 훑으면서 바지 주머니에서 케이블을 꺼냈다.

"내가 포트라면 어디에 있을까?"

"저기! 저기야!"

조지가 코스모스 스크린 바로 아래쪽을 가리키며 말했다.

애니는 안경을 케이블에 연결하고 다른 끝을 코스모스에 꽂았다. 구형 코스모스의 스크린이 회색으로 지지직 흔들리다가 곧 밝아졌다.

화면은 처음에는 알아볼 수 없는 무채색 형체들이 의미 없이 움직이고 있었다. 코스모스는 재빨리 줌을 당겨서 이미지를 선명하게 만들고, 명도를 조절해서 입체감을 주었다.

그들의 눈앞에 어떤 광경이 펼쳐졌다. 하지만 아직도 그게 무언지 파악하기가 힘들었다. 각도가 계속 바뀌어서 무엇을 보는지 알

수가 없었다.

"저길 봐!"

조지가 찌푸린 눈으로 스크린을 바라보며 말했다.

"그 로봇이야. 달에서 본 그 로봇, 그리고 여기서 우리를 쫓아온 로봇하고 똑같아. 아니면 서로 다른 로봇이고 생긴 것만 똑같은 건지도 모르지만!"

로봇은 눈앞을 금방 지나갔는데, 공중제비를 넘듯이 허공을 한 바퀴 크게 돌았다!

애니가 말했다.

"우주야! 그래서 이상해 보이는 거야. 이봇이 둥둥 떠 있어. 무슨 우주선인 것 같아. 코스모스, 저곳의 위치를 알려 주겠니?"

구형 코스모스는 잠시 드드드 소리를 냈다. 신호의 정확한 위치를 추적하는 동안 회로들이 덜거덕거렸다.

애니가 소리쳤다.

"세상에나! 로봇이 한 대가 아니잖아!"

이봇의 눈을 통해 보니, 이봇은 커다란 원통처럼 생긴 복도에 있고, 그 복도의 벽에는 파이프와 전선이 가득했다. 이봇 주변에

는 달에서 보고 또 방금 전 폭스브리지에서도 본 것과 비슷한 로봇들이 잔뜩 떠다녔다. 애니와 조지가 그곳의 중력이 작다는 사실을 깨닫자 이봇 주변에 떠 있는 로봇들이 모두 한 방향으로 움직이며 이봇을 이끌고 간다는 것을 알 수 있었다.

애니가 말했다.

"이런! 이봇이 로봇 경찰한테 잡혀가는 것 같아!"

조지가 물었다.

"누구의 로봇들이지? 우주 정거장에 저렇게 많은 로봇을 거느리고 있는 사람이 대체 누구야? 로봇 군대 같잖아."

"코스모스, 저기가 어디야?"

애니가 물었다.

금세 프린트로 답이 나왔다.

저곳의 위치를 알고 싶어? 아니면 저곳이 움직이는 속도?

코스모스에게 정확한 답을 들으려면 질문을 더 정확하게 해야 했다.

애니가 말했다.

"위치를 알고 싶어. 움직이는 속도는 궁금하지 않아."

저 이봇이 있는 곳은 지구를 도는 우주 정거장 가운데 하나야.

"국제 우주 정거장 ISS는 아니야!"

애니가 소리쳤다. 애니는 ISS의 내부를 잘 알았다. ISS 사령관이 트위터에 매일 소식과 사진을 올리는데, 애니는 그의 열렬한 팔로

워였기 때문이다.

　조지는 컴퓨터에서 쏟아져 나와서 발밑에 쌓이는 종이 다발을 살펴보았다.

　"코스모스가 말하기를 저곳은 개인 소유의 우주 정거장이고, 관련 정보는 거의 없대. 세상에 없는 거나 마찬가지래. 우리가 지금 두 눈으로 보고 있다는 사실만 빼면."

　"그런 일이 어떻게 가능해?"

　애니가 물었다.

　조지가 대답했다.

　"코스모스에 따르면, 사람들 눈을 가리는 '장막'을 두르고 있을 수 있대. 그리고 위치를 바꾸는 양자적 기능이 있을 수도 있대. 그래서 달처럼, 혜성처럼 이리저리 움직인대."

　애니가 말했다.

　"진짜 이상하다. 코스모스는 저 우주 정거장이 지상의 난리하고 관련이 있다고 생각한대? 지금 지구에서 일어나는 일들을 코스모스는 알아?"

애니의 질문에 코스모스가 맹렬하게 답을 했다.

당연히 알지! 나한테 직접 물어봐. 내가 옆에 없는 것처럼 돌려서 묻는 건 무례한 일이야.

애니가 사과했다.

"미안해, 코스모스. 지금 우리 세상이 어떤 일도 가능할 것처럼 이상해져서 그래."

코스모스가 애니에게 말했다.

컴퓨터 시대가 처음 열렸을 때, 우리는 모든 게 서로 연결되는 일이 얼마나 위험한지 지적했어. 그렇게 되면 모든 걸 망가뜨리기가 너무 쉬워지거든.

"아무도 그 말에 귀를 기울이지 않았던 것 같네."

조지가 말했다.

"코스모스……"

애니가 낡은 컴퓨터에게 직접 말을 걸었다. 구형 코스모스도 작은 코스모스하고 비슷하다는 걸 깨달았기 때문이다. 작은 코스모스도 해킹을 당해서 능글맞게 되기 전에는 꽤나 괴팍했다.

"우리를 우주선 안에 이봇이 있는 곳으로 보내 줄 수 있어? 딱 거기는 말고, 이봇은 지금 로봇 경찰에게 끌려가는 것 같으니까. 그래도 무슨 일인지 알아볼 수 있을 만큼 가까운 곳에."

가능해.

코스모스가 대답했다.

"그리고 혹시 우리를 '장막'으로 가려 줄 수도 있어? 우주선에서 아무도 우리를 못 보게 말이야."

잠시 침묵이 흘렀다.

투명 망토는 만들어 줄 수 없어. ☹.

구형 코스모스는 슬픈 얼굴 이모티콘을 덧붙였다.

애니가 속삭였다.

"아, 귀여워. 코스모스, 너는 왜 목소리가 없니?"

애니가 문득 물었다. 지하실에는 이제 코스모스가 대화에 사용한 종이가 잔뜩 쌓였다.

코스모스가 애니에게 말했다.

아무도 나한테 목소리를 만들어 주지 않았으니까. 그래서 목소리가 없어.

"이번에는 내가 슬픈 표정을 지어야겠다."

애니는 정말로 울음이 나올 것 같았다.

하지만 시간의 장막은 만들어 줄 수 있어.

"시간의 장막이 뭐야?"

애니가 물었다.

누가 나의 네트워크 활동을 알아챈다고 해도, 너희가 우주의 문으로 나가고 3분 뒤까지는 너희가 떠난 걸 알아차리지 못하게 하는 거야. 그러니까 너희에게 3분의 여유를 주는 거지.

애니가 단호하게 말했다.

"좋아, 그렇게 해 줘. 이제 움직이자. 우주복이 필요할까?"

조지는 의심스러운 표정이었다.

"글쎄, 우주 정거장 내부는 대체로 기온이 조절돼서 일단 안에 들어가면 우주복을 안 입던데."

애니가 말했다.

"하지만 저기는 투명 장막을 두른 이상한 우주 정거장이야. 그러니 그 안이 어떨지도 알 수 없잖아."

조지가 말했다.

"그런데 우주 정거장이 투명 장막을 두르고 있다면 우리는 어떻게 저기를 볼 수 있는 거지?"

코스모스가 설명했다.

너희 이봇이 우주선 내부에서 추적 장치로 신호를 보내고 있으니까. 이봇이 거기 없다면, 절대 발견되지 않았을 거야.

조지가 말했다.

"하지만 우리는 지구에서도 그걸 봤어! 내가 사진도 찍었어!"

코스모스가 말했다.

투명 장막의 메타 물질에 오류가 일어서 잠시 우주선이 드러났을 거야. 그때 네가 사진을 찍은 거고.

애니가 말했다.

"그래서 아빠가 이걸 전혀 모르시는구나! 그래서 전 세계 정부가 이 우주 정거장을 모르고 거기 누가 있는지도 모르는 거야! 코스모스, 우리에게 시간의 장막을 준비해 줘."

코스모스가 혼자서 복잡한 계산을 하자, 코스모스의 거대한 덩치 속 회로와 패널 사이에 숨겨져 조지와 애니가 여태껏 몰랐던 문이 빛을 내기 시작했다.

조지가 말했다.

"이 문은 우리가 직접 열어야 해. 작은 코스모스의 문하고는 달라. 직접 힘을 줘서 열고 나가야 돼. 지난번에는 목적지에 바로 당도하지 않고 무슨 복도 같은 것도 지나가야 했어."

"만약 우리가 틈새로 떨어져서 우주복도 없이 우주에 나가게 되면 어떻게 해?"

애니가 인상을 쓰며 말했다.

"그러면 동상과 화상을 동시에 입겠지. 핏속의 가스가 폭발하고 머리에서 눈알이 튀어나올 거야."

조지가 친절하게 설명했다.

애니가 중얼거렸다.

"고맙기도 해라. 정말 이 일을 해야 할까? 그리고 우주복도 필요 없고?"

조지가 말했다.

"응, 우리가 없으면 에릭 아저씨는 우주 정거장을 못 찾으실 거야. I AM을 찾고, 그 사람인지 그것인지가 지금 지구에서 벌어지는 대혼란과 관련이 있는지를 알아낼 수 있는 건 지구상에서 우리뿐일 거야."

애니가 말했다.

"좋아, 이번에도 너하고 나뿐인 것 같다."

문이 무지개 색깔로 점점 밝아져서 불을 밝힌 크리스마스트리처럼 되었다. 어둠침침한 지하실에서 그 모습은 아주 아름다웠다.

둘은 더 아무 말도 하지 않고 서로 바짝 붙어 섰다. 애니가 손을 내밀자 조지가 장갑 낀 손으로 그 손을 잡았다. 아까 애니가 구형 코스모스와 이야기하는 동안, 조지는 혹시 필요할 때를 대비해서 주머니에서 이봇의 촉각 장갑을 꺼내서 끼었다.

"안경도 가져가야 하나?"

애니가 물었다.

코스모스가 대답했다.

아니, 그건 내가 여기서 추적 신호를 받고 너희를 올바른 위치로 보내 주는 데 필요해.

애니가 나직하게 물었다.

"코스모스, 우리를 정확히 우주선 안으로 보내 줄 거지? 우주에 둥둥 떠 있게 만들지 않고."

코스모스가 퉁명스럽게 대답했다.

나중에 나온 복제품들과 달리 나는 실수하지 않아. 어서 가. 우주의 문은 준비되었어.

두 사람은 심호흡을 하고 앞으로 걸어갔다. 조지는 애니의 손을 잡지 않은 손으로 문을 당겼다. 문밖으로는 녹색, 분홍색, 주황색 구름 속에서 소용돌이치는 빛들밖에 보이지 않았다.

"저 너머에 뭐가 있는 거지?"

애니가 불안하게 물었다.

조지가 말했다.

"가 봐야 알지. 기억 안 나? 코스모스는 우리 앞에 뭐가 있는지 보여 주지 못해. 우리가 가 보지 않으면 알 수 없어."

"잠깐!"

애니가 말하더니 코스모스의 말이 찍혀 나온 컴퓨터 용지를 찢고 주머니에서 꺼낸 연필로 뭐라고 적었다.

"뭐 하는 거야?"

조지가 물었다.

애니가 말했다.

"쪽지를 남기는 거야. 혹시 모르니까."

애니는 조지에게 쪽지를 보여 주었다.

우주에 나갔어요. 금방 돌아올게요.

"어디로 가는지는 말하면 안 되는 거 아냐?"
"너도 써."

애니가 말하고 조지에게 종이와 연필을 건넸다.

아침까지 돌아오지 않으면 구형 코스모스한테 있는 좌표를 사용해서 우주 구조대를 보내 주세요.

애니와 조지.

애니가 말했다.
"좋았어! 이렇게 하면 모든 게 분명해질 거야."
"이제 가자."
조지가 쪽지를 클립보드에 끼우고 애니 옆에 섰다.

그런 뒤 그들은 눈을 감고 손을 계속 잡은 채 앞으로 한 걸음을 크게 내디뎠다. 그 걸음이 자신들을 허공 속으로, 우주의 거대하고 알 수 없는 어둠 속으로 데려가는 건 아닐까 겁나기도 했다. 이런 대혼란이 닥치기 전에 그들은 놀이공원에 가서 꼭 그런 놀이 기구를 탄 적이 있었다. 어디로 가는지 전혀 보이지 않았지만, 도착지까지 안전하게 갈 것을 믿어야 했다. 하지만 이번에는 놀이 기구도 놀이공원도 아니었다. 이번에는 현실이었다.

16장

다행히 조지와 애니는 텅 빈 공간으로 떨어져 내리지 않았다. 두 발이 단단한 것에 닿자 그들은 눈을 떴고, 우주의 문에서 나온 여러 색깔 구름이 흘러 나가면서 그들이 당도한 곳이 서서히 드러났다. 덜그럭 소리에 돌아보니 우주의 문이 닫혀서 사라지고 있었다. 그리고 그와 동시에 그들은 공중으로 두둥실 떠올랐다.

그들이 도착한 곳은 이봇이 로봇들에게 끌려가던 곳과 같은 원통형 복도였는데, 이번에는 주변에 아무도 없었다. 이봇을 납치한 자들이 이봇이 위대한 과학자 에릭 벨리스가 아니란 걸 이미 알아차린 걸까? 이봇이 컴퓨터 시스템이나 로봇들에게 아무리 에릭과 비슷하게 보인다고 해도? 그렇다면 자신들은 위험한 상황에 들어선 것일까? 이 보이지 않는 이상한 우주선에서 그들을 기다리는 것은 무엇일까?

"몸이 둥둥 뜨네!"

애니가 곡선을 이루고 있는 복도의 벽으로 떠 가서 파이프를 잡고 말했다.

"여기는 우주일까? 하지만 숨도 쉴 수 있어! 너는 어때?"

조지가 말했다.

"쉬잇! 누가 들을지도 몰라."

"아무도 안 보여."

애니가 복도를 둘러보았다. 한쪽 끝에 문이 있었고, 복도의 다른 쪽 끝은 휘어져서 시야 밖으로 사라졌다.

애니가 문을 향해 움직이면서 말했다.

"이쪽으로 가자. 3분이 지나면 놈들도 우리가 여기 있다는 걸 알게 돼."

"왜 그쪽으로 가?"

조지가 물었다.

"그냥 느낌상……."

"좋아, 너를 믿을게."

조지는 아까 이봇의 눈으로 본 로봇처럼 허공에서 공중제비를 넘었다. 그때 한 가지 깨달음이 닥쳤다.

"일이 끝나면 코스모스가 어떻게 알고 문을 열고 우리를 다시 부르지? 우리한테는 아무런 통신 수단이 없잖아."

"그리고 코스모스는 이봇의 눈으로만 볼 수 있지."

애니가 말했다. 애니도 상황을 깨닫고 있었다.

"그러니까 집에 가려면 빨리 이봇을 찾아야 해. 안 그러면 여기를 벗어날 수 없어. 그리고 시간의 장막도 금방 벗겨져. 그렇게 되면 로봇 군대가 우리가 여기 있는 걸 알게 될 거야."

조지는 갑자기 배고픔을 느끼고 한숨을 쉬었다.

"여기 우주 식량이 있으면 좋겠다. 무슨 좋은 계획 있어?"

애니가 말했다.

"음, 있어. 이런 혼란을 일으킨 사람을 찾아서 멈추라고 말하는 거야."

"정확히 어떻게?"

조지가 물었다.

"어, 몰라. 그건 즉석에서 해결해야 할 거야."

조지가 중얼거렸다.

"이렇게 훌륭할 수가."

이 일은 둘이 여태껏 한 어떤 임무보다 어려웠다. 이전에도 그들은 여러 가지 어려운 도전에 맞닥뜨렸고, 지구와 우주의 낯설고 기이한 사건들을 해결했다. 하지만 이번에는 정말로 아무것도 모르는 채 모험에 뛰어들었고, 집으로 어떻게 돌아갈지, 무슨 일을 해야 할지, 또 어떤 것과 맞닥뜨리게 될지도 전혀 몰랐다. 이번 일은 그들이 한 모험 중에 단연 가장 무섭고 이상한 것이었다. 어떻게 해야 할지 특별한 계획이 없어서 더욱 그랬다. 문명과 인간 지식에서 단절된 세상 끝에 오직 그들 둘만이 있었다. 그 느낌은 아주 기이했다.

"지구에 남아서 무력감만 느끼고 있는 것보다는 나아."

애니가 힘주어 말한 뒤 벽의 파이프를 잡고 복도 끝의 문을 향해 갔다. 그러다 몸이 둥실 떠오르자 손잡이에 매달려 중심을 잡았다. 문이 금세 열리면서 애니는 도로 뒤로 밀려갔다. 문 반대편에 기대어져 있던 것이 애니에게 확 쏟아졌기 때문이다.

애니는 간신히 비명을 참았고, 조지는 애니를 보호하려고 앞으로 몸을 던졌다. 그 정체 모를 것은 슬로 모션으로 문을 통과한 뒤 잠시 수평으로 떠 있었다.

애니가 말했다.

"여기 로봇이야. 아, 어떻게 해야 하지?"

애니가 조지를 꽉 붙잡았고, 둘은 허공에 뜬 채 그 자리에서 운명을 마주해야 할지 아니면 얼른 그 자리를 피해야 할지 결정하지 못했다.

조지는 탈출할 만한 곳을 찾아 주변을 둘러보고 속삭였다.

"어쩌면 우리를 못 봤는지도 몰라! 어서 여기를 벗어나자."

하지만 그 사이에 로봇은 위로 떠오르면서 다가왔고, 그들은 처음으로 로봇의 얼굴을 제대로 볼 수 있었다. 그들이 여태 본 로봇들과 달리 이 로봇은 표정이 밝았다.

"안녕."

로봇이 그들에게 말했다. 부드러운 목소리였다. 예상했던 것과 전혀 달랐다.

"어, 안녕."

둘이 불안하게 말했다. 이 로봇이 I AM인가? I AM이 실제로 로봇일 수가 있나?

조지는 I AM을 만나면 지구에서 지금 얼마나 끔찍한 일이 벌어지는지에 대해서 분노의 일장 연설을 할 생각이었다. 어려운 말을 잔뜩 써 가  며 상황의 심각성을 전달하고, 자신은 적절한 조치가 취해질 때까지 이곳을 떠나지 않겠다고 선언할 생각이었다. 하지만 다정하게 미소를 짓고 부드러운 목소리로 말하는 로봇을 만나자 조지는 너무 놀라서 준비한 말을 다 잊어버렸다.

"이름이 뭐니?"

로봇이 물었다.

"나는 애니고, 얘는 조지야."

애니가 말했다.

"내 친구가 되어 주겠니?"

"우아."

조지가 놀라서 말했다. 이것은 정말로 예상 밖이었다. 로봇이 자신과 애니를 협박했다 해도 당황하지 않았을 것이다. 체포하려 하거나 심지어 공격을 했다 해도. 하지만 친구가 되어 달라니? 이것은 정말로 이상했다.

"어…… 그래, 친구는 좋은 거니까."

애니 역시 조지만큼이나 당황한 목소리였다.

"네 이름은 뭐니?"

조지는 자신이 마치 새 학년 첫날 친구들을 사귀는 초등학생이 된 것 같았다. 하지만 달리 어떻게 해야 할지도 몰랐다.

로봇이 그들 앞으로 똑바로 떠 오며 자신의 미소 띤 얼굴을 보여 주었다.

로봇이 부드럽게 말했다.

"내 이름은 볼츠만 브라이언이야. 나는 산발적으로 발생하는 감성 지능으로, 무한 복제가 가능해."

"볼츠만 브레인이라는 말은 들어 봤는데."

애니가 조지에게 나직이 말했다.

"아, 특허 등록을 할 때 철자가 틀렸어."

로봇이 조용히 대답했다.

이 로봇은 청력이 아주 좋았다. 조지와 애니는 대화할 때 조심해야 했다. 로봇이 그들에게 우호적인 것처럼 보인다 해도, 조지의 본능은 로봇을 쉽게 믿을 수 없었다.

"안타깝게도 특허 등록이 완료되면 이름을 바꿀 수 없어."

로봇이 말을 이었다.

"아, 속상하겠다!"

애니는 달리 뭐라고 말해야 할지 몰랐다.

"네 머리 모양이 예쁘구나."

로봇이 애니에게 말했다.

"뭐?"

애니는 자동적으로 자기 머리를 만졌다.

"그리고 넌 아주 똑똑해 보이네."

로봇이 조지에게 말했다.

"음, 고마워!"

조지가 말했다. 이 로봇은 우주선 안을 떠돌면서 마주치는 사람들마다 칭찬을 하도록 프로그램된 건가? 그런 이상한 기계를 왜 만드는 거지?

애니가 조지의 귀에 속삭였다.

"시간이 없어. 3분이 거의 다 됐어."

볼츠만 브레인(두뇌)

사방에 가득한 입자들

지구상의 모든 물질은 원자라는 작은 입자로 만들어져 있다. 이 원자들은 끊임없이 서로와 충돌하면서 광자라는 전자기 복사 입자를 교환한다. 우리는 그 입자들 가운데 일부를 열로 느끼고, 빛으로 보고, 또 무선 안테나를 통해 내보내서 통신에 사용한다. 태양이나 우주 더 먼 곳에서 만든 광자와 아원자 입자들은 우주 공간에서도 끊임없이 날아든다. 그래서 지구도, 다른 행성들도, 별들도, 그리고 우주 공간 전체가 이런 작은 입자들이 소용돌이치는 수프와도 같다. 과학자들은 어떻게 이렇게 어마어마하게 많은 작은 입자들을 고려해서 세상의 이치를 이해할 수 있을까?

물방울 하나에 무한을 생각하다!

지상의 물 1리터에는 물 분자가 약 3×10^{24} 개 있다! 하지만 1리터의 물을 보면 입자의 더미로 보이지 않는다. 그것은 온도와 압력에 따라서 고체 또는 액체 또는 기체로 존재하는 연속된 물질처럼 보인다. 물은 열을 가하면 끓어서 수증기가 된다. 온도를 낮추면 얼음이 된다. 물에게는 정상적인 행동이고, 이런 일은 쉽게 관찰할 수 있다. 하지만 이때 3×10^{24} 개 입자가 모두 똑같이 행동할까? 반항하는 분자는 없을까?

19세기의 오스트리아 물리학자 루트비히 볼츠만은 막대한 수의 입자가 참여하면 특정한 행동 패턴의 가능성이 압도적으로 높아진다는 것을 수학적으로 설명했다. 많은 수의 입자가 완전히 제멋대로 움직이며 각자 자기 일을 해도, 개별 분자들은 영향을 미치지 못하는 평균적 전체 행동이 만들어질 가능성이 높다는 것이다. 1리터의 물에서 소수의 분자들은 임의적으로 평균에서 이탈할 수 있지만, 이런 소수 분자의 수가 물의 정상 행동을 눈에 띄게 변화시킬 만큼 많아질 가능성은 매우 작다.

하지만 그 물을 무한한 시간 동안 놓아둔다면 마침내 거대한 임의적 요동—예를 들면 모든 분자가 잠시 동안 같은 방향으로 움직이는 것 같은—이 일어날 것이다. 이런 일은 확률이 매우매우 낮기 때문에, 주전자에 물 1리터를 넣어 둔다고 그것이 갑자기 튀어나오는 일은 보기 힘들 것이다. 하지만 무한한 시간이 주어지면 그런 요동이 마침내 일어나고, 그 횟수도 무한하다.

이것은 우주에서 무슨 의미인가?

우주는 138억 년 전에 빅뱅으로 시작되었고, 점점 더 빠른 속도로 팽창하고 있다. 우리가 물에 적용한 원칙을 우주에 적용하면, 영원히 지속되는 우주에서는 가능한 모든 임의적 요동이 무한한 횟수로 일어난다는 결론이 나온다. 그렇다면 오늘날 우리 우주—어쨌건 그것은 훌륭한 입자의 배열이다—의 완전한 복사본이 언젠가는 입자 수프의 다른 곳에 임의적으로 나타날 것이다.

우리 우주의 복사본에는 모든 인간 두뇌와 거기 담긴 모든 기억의 복사본도 있을 것이다! 하지만 그 모든 것을 임의적으로 만드는 것은 스스로 작동하는 두뇌 하나를 만드는 것보다 훨씬 더 어렵기 때문에, 이런 임의적 요동은 모든 사람 또는 전 지구의 복사본보다는 스스로 작동하는 단 하나의 두뇌와 그 기억을 훨씬 더 빈번하게 만들 것이다.

거대한 입자 수프를 0도가 아닌 온도에 영원히 방치하면, 가능한 모든 기억을 가진 가능한 모든 두뇌—볼츠만 두뇌—가 무한한 횟수로 임의적으로 만들어질 수 있다. 그래서 우리 우주가 영원히 지속된다면, 우주에는 무수한 볼츠만 두뇌와 거기 담긴 모든 기억—이 책을 읽은 기억까지 포함해서—이 떠다닐 것이다!

우리가 그런 볼츠만 두뇌 중 하나가 아니라고 확신할 수 있는가?

조지는 고개를 아주 살짝 끄덕여서 애니의 말을 들었다는 표시를 했다.

조지가 예의 바르게 말했다.

"볼츠만…… 브라이언? 지금 네가 무한 복제가 가능하다고 했니? 그게 사실이야?"

로봇이 약간 자랑스러운 태도로 말했다.

"나는 특별히 단순하고 사용자 친화적인 방식으로 복제 가능하도록 만들어졌어. 내 몸의 상세 사양을 지구의 3D 프린터로 보내면 나와 똑같은 로봇을 프린트해 낼 수 있어."

"원하는 곳 어디서나?"

조지가 물었다.

"지구 위 어디에서나."

볼츠만이 대답했다.

그 말에 담긴 의미가 이해되자 조지는 공포가 느껴졌다. 단추 하나만 누르면 지구 곳곳의 3D 프린터로 이 로봇을 만들 수 있었다. 그러니까 로봇 군대를 만들고 싶다고 굳이 로봇을 생산하거나 수입할 필요가 없었다. 명령만 제대로 내리면 지구에 있는 모든 3D 프린터는—그리고 그 수는 아마 사람들 생각보다 훨씬 더 많을 것 같았다—자신의 창조자에게 충실할 것으로 예견되는 로봇을 만들 것이다. 조지가 볼 때 그것은 지구를 정복하는 가장 빠른 길이었다. 더군다나 지구는 지금 대혼란에 빠져 있고, 사태를 파악하는 사람도, 그것을 끝내려는 사람도 없는 지경이었다.

온 나라의 정부와 군대와 경찰과 보안 시설이 교통망이 무너지고, 은행 돈이 유출되고, 식료품이 고갈되고, 항공이 마비되고, 댐이 터지고, 발전소가 폭발하는 등의 수많은 재난에 정신이 팔려서 로봇 군대의 지구 정복 음모를 알아차리지 못한다면? 그 로봇들이 아무리 다정하고 칭찬 세례를 퍼붓는 로봇들이라고 해도 큰일이 아닐 수 없었다.

조지는 이야기하는 사이에 로봇이 알아차리기 힘들 만큼 천천히 그들을 복도 뒤쪽으로 밀고 가고 있다는 것을 깨달았다.

"지금 너네는 모두 몇 명이야?"

애니가 물었다.

볼츠만 브라이언이 말했다.

"하나야. 진정한 볼츠만 브라이언은 나 하나뿐이지."

"하지만 이 우주선에는 너 말고 다른 로봇들도 있잖아?"

조지가 말했다.

볼츠만이 그들을 계속 뒤로 밀고 가면서 말했다.

"맞아. 이 우주선에는 내 신체를 복제한 로봇이 많아. 모두 한 세트지. 하지만 두뇌는 아무도 없어. 앞으로도 안 생길 거야, 머리를 오랫동안 만들어도……. 내가 한 가지 비밀을 알려 줄게."

볼츠만은 뿌듯한 웃음을 띠었다.

"나는 다른 로봇들보다 훨씬 착해."

"지구에도 로봇이 있어?"

조지가 물었다.

볼츠만이 기뻐하며 대답했다.

"이번에도 맞았어! 지구 위의 특정 장소들에서 여러 개체가 3D 프린터로 복제되었어."

애니가 물었다.

"하지만 걔네는 못된 로봇 같았는데? 우리를 쫓아왔다고!"

볼츠만 브라이언이 희미하게 웃고 말했다.

"나는 사용자 친화적인 로봇으로 특별한 교육을 받았어. 하지만 다른 로봇들은……."

애니와 조지는 거기까지만 듣고도 볼츠만이 하려는 말을 알 수 있었다.

그런데 볼츠만의 말을 자르고 갑자기 경보가 울리더니 얼굴이 험악한 다른 로봇 둘이 뒤에서 나타나서 애니와 조지를 강력한 힘으로 꽉 붙잡았다.

"아야!"

로봇이 애니의 팔을 꽉 잡고 복도 끝으로 끌고 가자 애니가 소리쳤다.

조지도 다른 무서운 로봇에게 붙들려서 꼼짝할 수 없었다. 조지도 애니처럼 로봇에게 끌려갔다.

볼츠만 브라이언이 바짝 따라오며 말했다.

"하지만 나는 착한 로봇이야!"

한순간 조지는 그냥 볼츠만하고만 같이 있으면 좋겠다는 생각이 들었다. 볼츠만의 친절이 아주 편안하지는 않았지만, 지금 들이닥친 이 무시무시한 얼굴들보다는 훨씬 좋았다. 이제 그들은 어디로 가는 걸까? 거기 가면 이봇이 있을까?

조지와 애니는 뒤로 움직이고 있었기 때문에 어디로 가는지 볼 수 없었다. 그러다 마침내 로봇들이 손을 풀자 그들은 평생 한 번도 본 적 없는 이상한 방으로 둥둥 떠서 들어갔다.

그곳은 우주 공간에 떠 있는 유리 거품 같았다. 가장자리에 규칙적인 간격으로 뚫려 있는 구멍들은 다른 복도로 이어지는 길이었다.

3D 프린팅

> 3D 프린팅이란 무엇이며, 2D 프린팅과 어떻게 다른가? 그리고 그것이 흥미로운 이유는 무엇인가?

'3D'란 무엇인가?

D란 '차원(dimension)'을 나타내고, 3D 즉 3차원이란 다음의 차원들을 갖는 것을 말한다.

- 길이(1)
- 폭(2)
- 높이(3)

종이 위에 그린 그림은 납작한 2차원 이미지고, 우리 주변의 자전거, 밥, 우리 손 같은 물체는 모두 '3차원'이다.

소시지 자르기!

2D(2차원) 프린팅은 흔히 '프린팅'이라고 말할 때 떠올리는 그것이다. 즉 집이나 학교나 도서관에서 컴퓨터와 연결된 프린터를 사용하는 것이다.

2D 프린터

- 특별한 잉크를 사용해서 종이에 2D 이미지를 찍는다.
- 디지털 카메라의 사진이나 워드프로세서 문서처럼 2D 이미지를 만드는 전자 파일을 가져다가 전자적으로 '잘라서' 아주 얇은 조각으로 만든다. 이 과정을 살라미 슬라이싱이라고도 한다. 살라미 소시지를 얇게 자르는 것과 비슷하기 때문이다!
- 자른 조각들을 차례로 받아서 종이 위의 해당 위치에 컬러 잉크를 뿌리는 방식으로 그 조각의 정확한 이미지를 만든다.
- 그런 뒤 아래로 내려가서 다음 조각을 받아 똑같은 일을 한다. 이미지 전체가 종이에 찍힐 때까지 한 조각씩 이 일을 계속한다.
- 미술가와 영화 제작자들은 특별한 기술로 2D 사물을 3D로 보이게 만들 수 있다. 그림의 원근법이나 영화의 3D 특수 효과 같은 것이 그런 기술이다. 하지만 이런 것은 광학적 착시이고 이미지 자체는 폭(1)과 높이(2)뿐이기 때문에 2D이다.

> 내 아들은 어렸을 때 우리 집 프린터가 웅웅거리면서 사진과 편지를 출력하는 것을 재미있어했다. 아이는 인터넷으로 장난감 같은 물건을 사면 그 물건이 프린터에서 튀어나오는 줄 알았다! 네 살짜리에게는 그런 일이 가능하다고 여겨졌던 것 같다. 그런데 재미있게도 어떤 장난감들은 이런 일이 실현될 가능성이 높아졌다.

진짜 3D 물체 만들기

3D 프린팅으로는 2D 이미지가 아니라 진짜로 3D 사물을 만든다. 이런 일을 하는 기계는 3D 프린터 또는 적층가공 기계라고 한다.

- 3D 프린팅도 2D 프린팅처럼 전자 파일로 시작한다. 하지만 그 파일은 CAD 모델(CAD란 컴퓨터 보조 설계를 가리킨다)이라는 특별한 유형의 전자 파일이다. 이 파일은 3D 프린팅이 가능하도록 사물 구석구석의 세부 내용을 전부 담고 있다.

컴퓨터 스크린으로 어떤 사물의 CAD 모델을 보면 바깥의 모습도 볼 수 있지만, 안으로 뚫고 들어가서 내부의 모습도 구석구석 다 볼 수 있다.

- 3D 프린터는 CAD 모델을 전자 조각으로 얇게 자른다. 한 조각의 두께는 20미크론 가량이다.

- 이렇게 자른 조각은 폭과 높이뿐 아니라 두께(또는 길이)도 있기 때문에 3D가 되지만, 3D 프린터는 각 조각을 그 사물을 자른 모습의 2차원 단면도로 취급한다.

- 3D 프린터는 맨 밑 조각에서 시작해서 각 조각을 2D 이미지를 출력하듯 프린트한다. 하지만 잉크를 종이에 뿜는 대신 각 조각의 세밀한 모양을 20미크론 두께의 '물질'로 만들어 낸다.

- 한 조각의 물질이 마르고 굳으면 3D 프린터는 위로 이동해서 그 위에 다시 20미크론 두께의 층을 새로 만든다.

- 이 과정이 반복되어서 CAD 모델의 모든 조각이 층층이 프린트되면 진짜 3D 사물이 나타난다!

> 20미크론은 1밀리미터의 1/50로, 머리카락 한 올의 약 25퍼센트 정도 되는 두께다. 그러므로 높이가 10센티미터인 사물의 CAD 모델은 5,000개의 전자 조각으로 나누어진다!

3D 프린팅

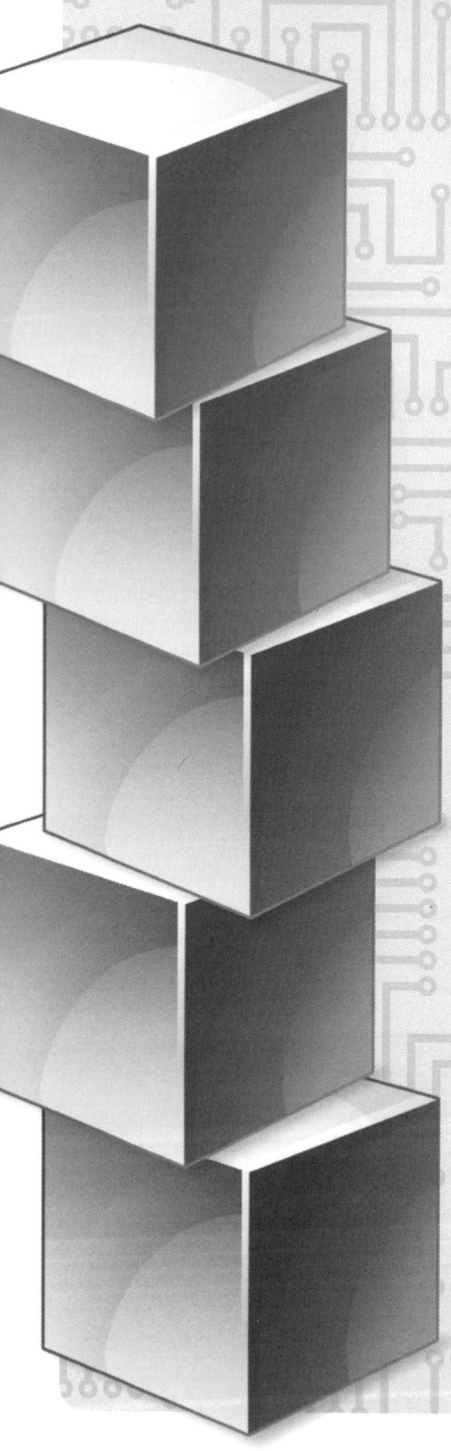

3D 프린터 이모저모

- 가장 널리 사용하는 재료는 플라스틱이다. 플라스틱은 액체 형태로 소량씩 분출할 수 있고, 금세 굳기 때문이다. 플라스틱은 시제품(건물이나 자동차 신제품의 모형)을 만드는 데도 적합하다. 현대의 기계들은 여러 가지 플라스틱을 동시에 사용하고 색깔도 프린트할 수 있기 때문에 시제품도 진짜와 매우 비슷하다. 아직까지 3D 프린터의 가장 큰 응용 분야는 이것이다.
- 오늘날 흔히 사용하는 3D 프린터는 두 종류가 있다.

  압출 기계 : 케이크 위에 짤주머니로 크림을 짜서 얹는 것처럼 노즐로 재료를 내보낸다. 이 기계는 색깔을 두 가지 이상 사용할 때 특히 좋다. 노즐 개수를 쉽게 추가할 수 있기 때문이다.

  평판 기계 : 가루 금속으로 이것이 가장 많이 쓰인다. 한 조각 분량의 가루 금속을 붓고 강력 레이저로 용융시켜서 (녹여서 합치는 일) 정확한 모양으로 만든다. 모형이 완성되면 남은 가루 금속은 쓸어낸다.

- 과학자들은 앞으로 몇 년 안에 플라스틱을 사용하는 3D 프린터가 가정에 흔해져서 맞춤형 자전거 헬멧이나 개인 취향에 맞춘 장난감 같은 물건은 패턴을 내려 받고 3D 프린트하는 방식으로 만들 수 있을 거라고 예상한다. 〈스타 트렉〉이나 〈해리 포터〉 속 등장인물을 프린트하는 것은 어떨까!

- 공장의 3D 프린터는 금속이나 세라믹 같은 물질을 사용한다. 그렇게 해서 더 가볍고 강한 제트 비행기 부품을 프린트하면, 안전성과 연료 효율이 더 높은 비행기를 만들 수 있다.

- 인공 고관절이나 인공 치아, 두개골 판 (머리의 구멍을 고치는 데 사용), 임플란트 같은 의료 장치들도 3D 프린트할 수 있는 분야다. 3D 프린트는 이런 장치를 사용자에게 딱 맞게 만들 수 있기 때문이다.

미래의 로봇?

오늘날의 3D 프린터는 아직 느리고 동시에 몇 가지 재료만 사용할 수 있다. 프린터가 완전한 로봇을 프린트하는 것은 아직 불가능하다. 많은 재료로 만든 여러 부품이 서로 얽히고설켜야 하기 때문이다. 그런 요소로는 금속, 톱니와 모터, 자석, 철사, 플라스틱, 기름, 윤활유, 실리콘, 금 등이 있고, 이트륨, 텅스텐 같은 특이한 물질도 있다.

하지만 전자동 공장에서 로봇의 부품은 3D 프린터로 쉽게 만들 수 있다. 3D 프린터가 부품을 만들면 수거 로봇이 수거하고, 연마 로봇이 매끈하게 연마하고, 조립 로봇이 조립하는 것이다.

로봇이 3D 프린터를 (그리고 다른 기술도 함께) 사용해서 로봇을 만드는 것, 이것이 우리가 미래에 보게 될 모습이 아닐까?

그 구불구불 휘어진 원통형 복도들은 동그랗고 투명한 가운데 방에서 자전거 바큇살처럼 뻗어 나가 외곽을 두르고 있는 원형 구조물과 이어져 있었다.

그 복도들과 외곽의 원형 구조물만 빼면 방은 완벽하게 투명했다. 아래를 내려다보니 바닥조차―아니면 천장인가? 우주에서는 구별하기가 어려웠다―똑같은 유리 같은 재료로 되어 있었다.

조지는 그렇게 놀라운 것은 본 적이 없었다. 그래서 잠시 동안 정신이 멍했다. 전에 우주 공간으로 다이빙하는 꿈을 꾼 적이 있었는데, 이것이 그 꿈과 아주 비슷한 것 같았다. 유리구슬 속에 떠서 사방에 펼쳐진 멋진 우주 공간을 보고 있었기 때문이다.

조지가 밖을 보자, 텅 빈 우주 또는 별이 가득한 검은 하늘 말고도 눈길을 잡아끄는 것이 있었다. 그것은 훨씬 더 아름다운 것이었다. 얇은 대기를 두른 채 보석 같은 청록색으로 반짝이는 행성, 바로 그들의 고향이었다.

"지구다!"

조지가 애니와 함께 방을 둥둥 떠가며 말했다. 목이 울컥했다. 이런 느낌은 우주에 나가 본 적 없는 사람들에게는 설명하기 어려울 것 같았다. 지구를 떠나서 그곳을 돌아보면, 캄캄한 우주에 떠 있는 연약하고 오래되고 신비롭고 매혹적인 지구는 우리 가슴에 보호 본능과 향수를 가득 채운다. 우주에 영원히 머물고 싶지만, 그러면서도 지구에 돌아가서 거대한 우주 속에 용감하게 떠 있는

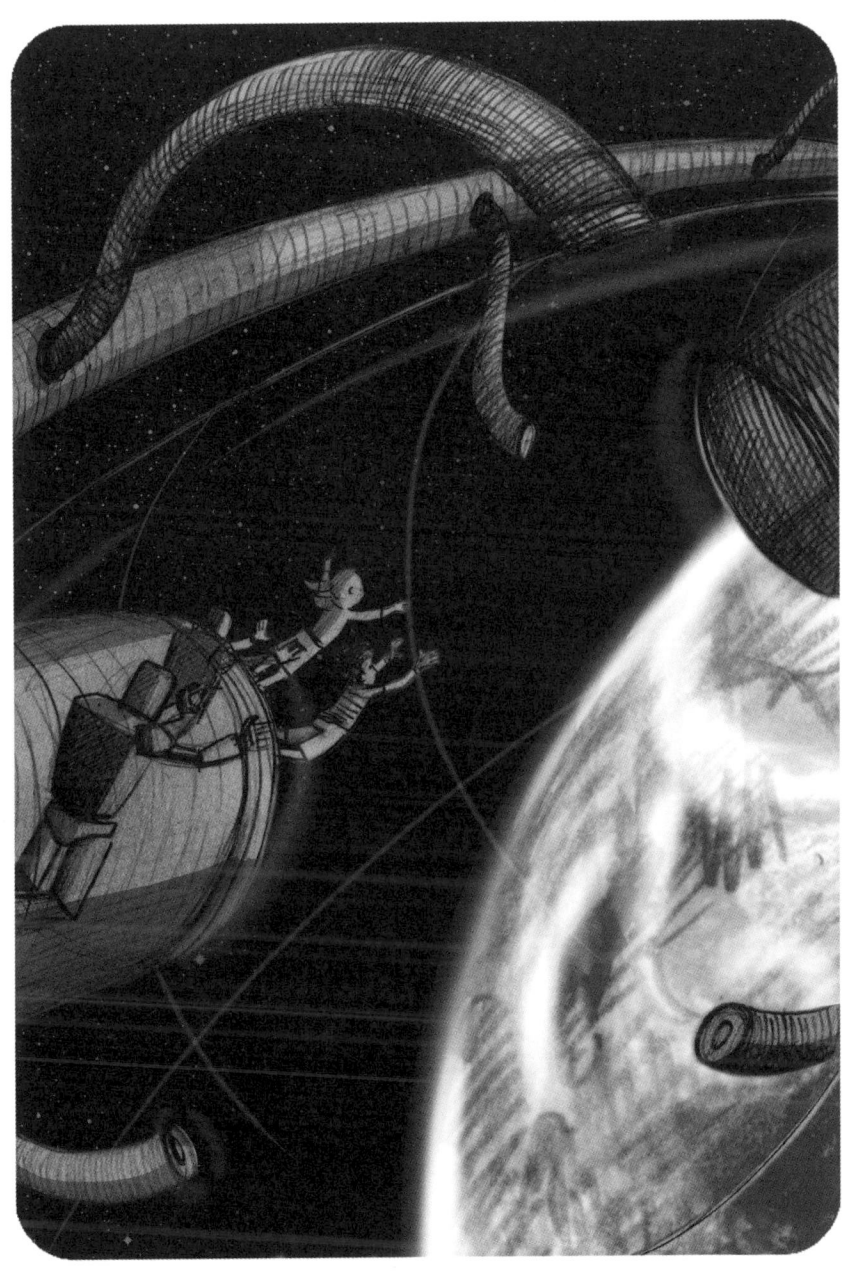

아름다운 우리 행성을 돌봐 주고 싶은 마음도 가득 일어났다.

하지만 조지는 그 모습을 오래 볼 수 없었다. 성난 로봇들이 그들을 방 가운데 데려다놓고 자신들은 가장자리로 가서 말없이 자리를 지키고 있었기 때문이다.

그러더니 다른 둥근 구멍에서 누가 나왔다.

"이봇이야!"

애니가 소리쳤다.

이봇은 이제 우주복을 벗고 있었다. 에릭이 평소에 입는 트위드 재킷, 바지, 밝은 색 셔츠 차림이었다.

이 이상한 장소에서 이봇을 다시 만나자 조지는 반가웠다. 이봇에게 신기한 애착이 생기기도 했지만, 더 중요한 것은 그들은 이봇이 있어야 우주선에서 지구로 돌아갈 수 있었다.

애니가 소리쳤다.

"이봇! 다시 만났구나!"

하지만 이봇은 잠을 자는 듯 방 안으로 둥둥 떠 오기만 했다. 그리고 이봇은 혼자가 아니었다. 애니와 조지는 처음에는 이봇의 동행을 알아보지 못했다. 하지만 마침내 보았을 때 그들은 놀라서 입이 딱 벌어지고 말았다.

이봇과 함께 온 사람은 위아래가 붙은 놀이복 같은 옷을 입고 있었다. 그 옷은 목성처럼 가로 줄무늬가 있는데다 꼬리도 달려 있었다. 그 이상한 사람은 둥그런 방을 빙글빙글 굴러다니며 꼬리를 휘

두르다가 키득거리다가 했다. 그는 작은 행성처럼 애니와 조지와 이봇 주위를 돌았다. 조지와 애니는 서로를 붙잡고 몸을 지탱하면서 놀란 얼굴로 그를 보았다.

"안녕!"

남자가—그 사람은 남자였다—소리치면서 두 손을 들어 환영을 표시하고 그들 앞에 와서 멈추었다.

"만나서 반갑구나! 너희가 와 줘서 정말 기뻐. 오늘 하루…… 아니 이번 주, 이번 달, 올해 들어 이렇게 기쁜 일은 없었어. 잘 왔다,

애들아."

그가 밝게 웃으면서 말했다.

조지는 긴장이 약간 풀렸다. 그들은 어쨌건 포로보다는 손님에 가까운 것 같았다. 이 이상한 남자가 I AM인가? 이 목소리가 라디오에 나왔던 목소리인가? 확실히 어딘가 친숙한 느낌이 들었다.

남자가 미소를 지으며 말을 이었다.

"조지하고 애니, 맞지? 폭스브리지 리틀 세인트메리스 로 23번지하고 24번지에 살고 있어. 조지는 애니보다 106일 먼저 태어났어. 애니의 혈액형은 AB형이고, 생명의 요소를 연구하는 숙제를 하고 있지. 그리고 얼마 전에 아동 심리 상담소에서 난독증 진단을 받았어. 애니가 상담소에 간 건 성적이 떨어지고 등수가 미끄러져서 최대 라이벌인 칼라 핀치노즈에게 뒤처졌기 때문이지. 그래서 콤플렉스가 생겼고, 이런 문제를 극복할 지능과 능력을 증명하고 싶었던 거야."

애니에 관한 이야기에 조지는 귀가 쫑긋해졌다.

"난독증이라고?"

조지가 놀라서 애니를 돌아보았다.

"학교 성적이 떨어졌다고? 상담소에는 그냥 아이큐 테스트를 받으러 갔던 거라고 했잖아. 그리고 상담사가 너한테 아마 천재인 거 같다고 말했다며?"

그러자 조지는 애니가 왜 중간 방학 숙제에 그렇게 열심인지를 깨달았다. 일등 자리를 되찾고 싶었던 것이다. 조지는 애니가 그 자리를 놓쳤는지도 몰랐다. 이제 보니 모든 게 이해되었다. 왜 그렇게 이상한 실험을 많이 하는지, 상황 때문에 어쩔 수 없이 다른 길에 들어서기 전까지 왜 생명 탐색에 그렇게 매달렸는지.

애니가 위엄 있게 말했다.

"아이큐 테스트는 난독증 검사의 일부였어. 우리가 모든 걸 다 이야기해야 되는 사이였나?"

수수께끼의 남자가 다시 말했다.

"정보의 면에서 조지는 이해하기가 조금 더 어려워. 아마 애니보다 기술을 덜 사용하는 아이 같아. 조지가 컴퓨터를 좋아하고 사람보다 기계를 더 좋아하는 건 알아. 하지만 조지의 부모님에 대해 조사해 보니 집 안에서 전자 기기 사용을 억제하는 악명 높은 환경 보호자들이더군. 그러니 조지는 학교에서만 컴퓨터를 사용할 수 있을 테고, 솔직히 나는 아이들이 학교 컴퓨터로 쓰는 한심한 말들은 굳이 살펴보고 싶지 않아."

"아저씨가 우리 개인 메시지를 훔쳐본다고요?"

애니가 놀라서 물었다.

정체를 알 수 없는 놀이복의 남자가 말했다.

"아니, 그런 말은 너무 심하구나. 내가 너에 대해 아는 건 네가 코스모스에 정보를 입력했기 때문이야. 나는 코스모스라는 컴퓨터에 관심이 많거든. 조지를 조사한 것도 그 애가 코스모스에 등록된 사용자이기 때문이야.”

애니가 얼굴을 찌푸리고 물었다.

“하지만 아저씨가 어떻게 코스모스에 접속할 수가 있죠? 그건 불가능해요!”

남자가 키득거리며 말했다.

“맞아. 지상에는 분명 코스모스를 뚫고 들어갈 수 있는 컴퓨터가 없지.”

“그러니까 아저씨도 그런 일을 할 수 없어요!”

남자가 중얼거리듯 대답했다.

“한 번 생각해 봐. 아이큐는 높지만 부분적 장애가 있고, 그 사실을 친구들에게서 악착같이 감추는 똑똑한 친구야. 답이 있어. 일곱 글자짜리 단어지. 그 철자를 말할 수 있겠어?”

애니의 뺨이 빨개졌다.

“아저씨는 정말 못됐어요!”

조지가 화가 나서 말했다. 애니가 이렇게 놀림받는 게 싫었다.

“내가 못됐다고?”

남자가 놀이복의 꼬리를 휘두르고 능글맞게 웃으면서 말했다.

“나는 못된 게 뭔지 몰라! 내 마음은 온통 사랑과 친절과 기쁨뿐이고, 네 친구가 문제를 풀게 도와주고 싶어. 하지만 못 풀 거야. 내가 늘 말했지만 여자들은 과학엔 꽝이니까.”

“우주.”

애니가 반항적으로 말했고, 조지는 그 말이 맞기를 바랐다.

"아저씨한테는 우주 컴퓨터가 있어요."

애니가 말을 이었고, 조지는 양 엄지를 들어 보였다.

"지구상의 컴퓨터는 코스모스에 뚫고 들어갈 수 없다고 했으니까 우주의 컴퓨터가 분명해요. 그리고……."

애니는 턱을 내밀고 말을 이었다.

"답을 맞혀 볼게요. 양자(quantum) 컴퓨터예요. 양자는 일곱 글자고, 우주(space)는 다섯 글자니까. 그게 답이에요."

남자가 부드럽게 말했다.

"양자의 철자를 정확히 아니? 아니면 내가 알려 줄까?"

그가 꼬리를 휘두르자 Quantum(퀀텀)이라는 글자가 빨간색, 파란색, 녹색으로 반짝이며 유리 방 표면에 나타났다.

남자가 나긋나긋하게 말했다.

"그럼 얘들아, 특별 문제를 내 주지. 양자 컴퓨터는 과연 어디에 있을까?"

17장

 조지는 주변을 둘러보았다. 사람들과 이웃과 로봇들, 그리고 눈앞에 보이는 놀라운 광경을 빼면 그 방에는 아무것도 없었다. 하지만 Quantum(양자)이라는 단어가 투명한 구체 표면으로 퍼지는 모습을 보자 조지의 머리에 불이 반짝 들어왔다.

 조지가 말했다.

 "이거요, 그렇죠? 이게 양자 컴퓨터예요. 우리가 그 안에 있는 거예요. 어떻게 작동하는지는 모르겠지만, 이게 그거예요."

 남자가 감탄했다.

 "똑똑하기도 하지! 네가 그렇게 양자 도약을 이루었으니―그 말은 틀린 말이다만―, 나머지는 내가 일러 주마. 이 방의 결정 구조에는 양자 컴퓨터를 이루는 양자점 수억 개가 박혀 있어. 양자점은 우주선 전체에 다 있지만, 다른 데서는 평범한 비양자 컴퓨터 입자란다. 이 방이 특별한 건 여기 내 양자 컴퓨터가 있기 때문이지."

"동력은 어디서 와요?"

한 순간 조지는 그 놀라운 기술적 성취에 매혹되어서 물었다.

"당연히 태양광이지. 이 우주선의 기반 구조에 있는 수백만 개의 양자점이 태양에서 동력을 끌어와."

"우리는 아저씨가 이걸 어디에 쓰는지 알아요."

애니는 불만스럽게 말했다. 조지는 애니의 까칠한 목소리를 듣고 자신들이 여기 온 것이 기술과 풍경에 감탄하기 위해서가 아님을 깨달았다.

"아, 그래?"

남자는 둥둥 뜬 채로 움직여서 그들 앞까지 왔다. 어두운 하늘에

뜬 지구가 파란색, 노란색, 녹색, 흰색으로 빛났지만, 목성 같은 줄무늬 놀이복의 남자가 그 풍경을 망치고 있었다.

그가 다시 꼬리를 휘두르자 유리 구체에 아주 작은 빛의 점들이 생겨났다. 조지와 애니는 반딧불이 떼에 둘러싸인 것 같았다.

남자가 말했다.

"정말로 놀라운 며칠이었어. 이렇게 즐거운 시간을 보낸 게 또 언제인지 기억도 안 날 정도야. 내 작은 움직임에 사랑스러운 지구가 그렇게 빨리 반응할 줄 누가 알았겠어? 그건 지구를 더 좋은 곳으로 만들려는 아주 작은 노력이었을 뿐인데. 하지만 어쩌면 내가 과녁을 살짝 빗나갔는지도 모르겠어."

두 친구는 어안이 벙벙해졌다. 조지는 입이 딱 벌어졌다.

"지구를 더 좋은 장소로 만든다고요?"

애니가 얼른 그 말의 충격을 극복하고 말했다.

"말도 안 되는 소리! 대체 아저씨는 누구예요?"

놀이복의 남자가 말했다.

"맞혀 보렴. 조금 전에는 잘 맞혔잖니?"

"아저씨는 'I AM'이에요!"

조지가 말했다.

"아, 그거! '내가 너희를 구하러 가고 있어.' 라디오에서 나온 목소리!"

애니는 그 목소리가 말한 이 문장이 무슨 뜻이었는지 이제 깨달았다.

I AM이 말했다.

"아, 난 할 수 있는 일이 너무도 많아. '내가' 얼마나 똑똑한지 이제 알겠지."

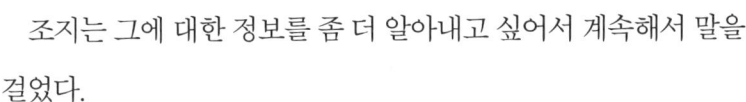

"네, 알겠어요."

조지는 그에 대한 정보를 좀 더 알아내고 싶어서 계속해서 말을 걸었다.

"하지만 우리는 별로 똑똑하지 않아요. 어쨌거나 아저씨만큼 똑똑하지는 않아요. 아저씨가 가르쳐 주실 수 있다면 배우고 싶어요. 먼저 아저씨 이름이 뭔가요?"

"내 이름은……."

I AM은 조지의 칭찬에 기분이 좋아진 듯 대답했다.

"알리오스 메라크야. 알리오스 메라크."

애니가 말했다.

"잠깐만요. 그건 진짜 이름이 아니에요. 큰곰자리를 이루는 별 두 개의 이름이잖아요!"

알리오스 메라크가 말했다.

"맞아! 나는 실제로 존재하지 않아. 알리오스 메라크는 그중에서 존재하는 부분이야. 그래서 나를 찾기가 그렇게 힘든 거야. 나를 아무리 찾아도 찾을 수 없을 거야. 내 이름은 어디에도 없어. 완전한 익명성이란 우리 시대에 아주 드문 사치지. 이런 정보화 시대에는 거의 불가능한 일이야. 하지만 나는 해냈어."

그는 잠시 우쭐한 태도로 꼬리로 팔을 쓰다듬었고, 얼굴에는 즐거움이 흘러넘쳤다.

조지가 말했다.

"투명 우주선과 양자 컴퓨터가 있다면 쉽겠죠."

메라크가 대꾸했다.

"남들보다야 쉽겠지만 아주 쉬운 건 아니야. 이러건 저러건 먼저 이 우주선과 컴퓨터를 만들어야 했으니까."

애니가 불쑥 물었다.

"아저씨는 부자예요?"

메라크가 가볍게 말했다.

"대단한 부자지. 그래서 이 모든 일이 이렇게 재미있는 거란다!"

메라크는 자신에 대한 만족감과 기쁨에 겨워 허공에서 공중제비를 몇 번 넘었다.

조지와 애니는 서로를 보았다. 조지는 너무 이상하다고 느꼈다. 메라크는 어른이고 자신은 아이인데, 마치 자신이 어른이고 메라크가 어린아이 같았다.

애니가 물었다.

"아저씨가 그렇게 부자면 옷이라도 좀 좋은 걸로 입으시지 그래요? 지금 입은 건 너무 별로예요."

그러자 메라크가 성난 얼굴로 애니를 노려보았다. 방글방글 웃던 표정은 한순간에 사라졌다.

메라크가 쏘아붙였다.

"어떻게 감히, 이 못된 계집애! 어떻게 감히, 하찮고 우습고 더러운 벌레 같은 계집애가 눈부시게 존엄한 나, I AM에 대해 입을 놀리다니. 내가 세계를 구원하고 있는 걸 모르는 거냐?"

"그 일을 어떻게 하고 있는데요?"

조지가 얼른 끼어들어서 물었다. 이 괴팍하고 위험해 보이는 남자가 애니를 공격하는 것을 막아야 했다.

그러자 알리오스 메라크가 심각한 목소리가 되어 말했다.

"우리의 아름다운 행성 지구는 불평등, 불행, 자원 독점, 빈부 격차 같은 무수한 악에 둘러싸여 있어. 부자들은 무기와 군대와 경비병으로 자기 땅, 나라, 재산을 지키는데, 반대로 가난한 사람들은 굶주리고 있지. 행복한 사람도 즐거운 사람도 없어."

애니가 코를 찌푸리고 말했다.

"그러니까 아저씨의 계획이란 게 사람들에게 즐거움을 주는 거였어요? 그게 해결책이라고요? 진짜로요?"

메라크가 애니를 노려보면서 말했다.

"나와 관련해서 '진짜'는 없다고 분명히 말하지 않았니? 이 멍청하면서 똑똑한 척하는 계집애야."

그러고는 메라크는 조지를 돌아보며 미소 지었다. 메라크는 둘

중 한 명을 좋아하고 다른 한 명은 싫어하기로 확실히 마음먹은 것 같았다.

"내 계획은 아주 단순하고도 아름다워. 이 세계를 더 좋은 곳으로 만드는 거거든. 뭐라고……?"

그는 갑자기 보이지 않는 상대에게 말하는 것 같았다.

"다시 한 번…… 알았어. 잘 들었어. 펭귄이 몰살됐다니, 무슨 소리야?"

애니가 소리쳤다.

"뭐라고요! 펭귄을 몰살시키면 안 돼요!"

메라크가 말했다.

"너무 늦었어. 이미 다 죽은 것 같아."

"방금 누구하고 대화한 거예요?"

조지가 오싹함을 느끼고 말했다. 이 남자는 시간이 지날수록 더 이상해지는 것 같았다.

메라크가 조지에게 말했다.

"내 머리가 휴대 전화거든. 내 두뇌 깊은 곳에 로봇 장치가 심어져 있어. 그래서 헤드셋 없이도 로봇 군대와 통신할 수 있어."

"그 군대는 어디 있는데요?"

애니가 지하실에 갇힌 엄마와 조지의 가족을 떠올리고 말했다. 갑자기 공포가 밀려들었다.

"여기는 로봇만 있나요? 아니면 사람도 있나요?"

메라크가 코웃음을 쳤다.

"사람이라고! 농담해? 로봇 군대가 있는데 사람이 왜 필요해? 너희도 이미 로봇을 몇 대 봤겠지. 폭스브리지에도 두 대 보냈어. 지금은 소수가 전략적으로 배치되어 있지만, 곧 훨씬 더 많아질 거야. 내가 지구의 3D 프린터 네트워크에 명령만 내리면 돼. 그러면 로봇들이 마술처럼 나타나서 지구를 정복하고 세상을 더 좋은 곳으로 만들 거야!"

조지가 애니에게 말했다.

"이제 알겠어. 이제 연결이 돼."

메라크가 말했다.

"뭐라고? 모두가 들을 수 있게 크게 말해."

조지가 큰 소리로 말했다.

"이제 알았다고요! 은행 기계에서 돈이 쏟아져 나온 일, 슈퍼마켓에서 물건 값이 0원이 된 일, 댐에 구멍이 난 일, 군용 항공기가 멈춘 일, 사람들이 큰 피해를 입을지 모르는 전력망 차단, 이런 일이 다 좋은 일이라고 생각하시는 거잖아요!"

"똑똑하구나! 그건 다 임의적인 친절 행위였어."

메라크는 조지가 마침내 그것을 이해한 것을 크게 기뻐하며 대답했다.

"사람들은 가난해, 그래서 내가 돈을 주었어. 또 배가 고프니까 내가 먹을 걸 주었어. 목이 말라 하길래 사막에 물을 만들어 주었고, 공포에 질려 있길래 폭탄을 정지시켰지."

애니가 속삭였다.

"저 아저씨는 자기가 신인 줄 아나 봐."

"놀이복을 입은 신이지."

조지가 덧붙였다.

애니가 큰 소리로 물었다.

"하지만 왜죠? 왜 이런 일을 하는지 이유를 모르겠어요. 그냥 이 우주 정거장에 살면서 지구를 가만두지 못하는 이유가 뭔가요? 지구가 그렇게 엉망이라고 생각하신다면요."

조지가 끼어들었다.

"왜냐면 세상 모든 사람을 지배하고 싶기 때문이야. 이 사람은 친절을 베푸는 게 아니야. 세상을 망쳐 놓고 자기가 끼어들어서 구해 주려고 하는 거야. 이 사람의 로봇이 지구를 지배하면 아무도 그들을 막을 수 없고, 그러면 이 사람은 우주 정거장에서 지구를 통치할 거야. 지구의 모든 컴퓨터를 움직일 수 있으니까!"

메라크가 슬픈 표정을 짓고 말했다.

"그건 너무 심한 오해로구나! 조지, 너는 저 멍청이 친구하고 달리 나를 이해한 줄 알았는데. 우리는 세상 사람들에게 좋은 걸 주어야 했어. 사람들이 자신이 원하던 것들을 원 없이 누리면, 친절하고 자애롭고 확고한 지도자를 맞을 준비가 되어 있을 거야. 너희는 아직 어려서 내 계획의 정교함을 이해하지 못할 거다."

"그 '위대한 지도자'가 바로 아저씨인 거예요?"

조지가 물었다.

"아저씨는 펭귄에게 자애롭지 않았잖아요!"

애니가 발끈해서 말했다.

메라크가 헛기침했다.

"흠흠, 그건 실수였어. 그런 일을 의도한 건 아니었어."

조지가 천천히 말했다.

"잠깐, 우리가 마주친 글자는 I AM뿐이 아니에요. QED도 있어요. 달에서 아저씨의 로봇이 우리를 쫓아오면서 그런 말을 했어요. QED가 무슨 뜻이죠? 그리고 로봇을 시켜서 에릭 아저씨를 납치하려고 한 이유는 뭔가요?"

그때 애니가 소리쳤다.

"이제 알았어! 그게 무슨 뜻인지."

메라크가 비웃었다.

"QED가 뭔지 안다고? '즐거움을 확실히 억눌러라(Definitely Quell Excitement)'라고 말하는 건 아니겠지?"

애니가 소리쳤다.

"아뇨! 그건 양자 오류 탐지(Quantum Error Detection)예요."

조지는 애니의 말이 맞다는 걸 알았다.

"그래, 맞아. 양자 오류 탐지! 에릭 아저씨가 양자 컴퓨터에 하는 일이 바로 그거였어. 그래서 에릭 아저씨가 필요했던 거군요."

애니가 갑자기 기뻐하며 말했다.

"알았다! 아저씨, 잘 다루지 못하는 거죠? 아빠가 그렇게 말했거든요. 양자 컴퓨터를 만들 수는 있지만, 그걸 통제하는 일은 어렵다고. 지구에서 지금 아저씨에게 도움을 줄 수 있는 건 우리 아빠뿐이에요. 그래서 아빠를 납치해서 양자 컴퓨터를 통제하려고 한 거예요!"

메라크가 부루퉁한 표정으로 팔짱을 꼈다.

애니가 조지에게 다가가서 속삭였다.

"저 사람이 꼬리를 휘두르면 달려!"

조지는 고개를 끄덕였다. 그들은 달아나야 했다. 하지만 어디로 달아날까? 그때 문득 조지는 훨씬 더 중요한 것을 깨달았다. 애니는 양자 컴퓨터의 조종 장치가 메라크의 놀이복 꼬리에 있다고 생각하는 것 같았다. 그가 꼬리를 계속 휘두르는 건 그 때문이라고.

'그러니까 저 꼬리를 잡아야 해!'

조지가 생각했다.

메라크가 반항적으로 말했다.

"그래, 어쩌면 네 말에 일리가 있는지도 몰라. 하지만 그래서? 그래서 어쩔 거야? 이게 누구 우주선이지?"

"통제를 벗어난 게 양자 컴퓨터만은 아니에요."

애니가 나직하게 말했다.

갑자기 그 말이 구체의 휘어진 내벽에 큼직한 점 글씨로 떠올랐다. '통제를 벗어남(Out of control)'이라는 글씨가 붉은색, 녹색, 파란색으로 반짝였다.

"너희의 진짜 생각을 말해 봐."

메라크가 불쾌해하며 말하자, 그 말이 어두운 우주 공간을 배경으로 꼬불꼬불 적혔다.

"이것도 아저씨가 명령한 거예요?"

조지가 순수하게 물었고, 그 말은 폭죽 글씨처럼 조지 옆에 떠올랐다. 하지만 폭죽과 달리 꺼지지 않았다.

메라크가 말했다.

"아니! 안 그랬어. 이런 명령은 내리지 않았어. 당장 꺼!"

그가 소리쳤다.

"얼른 꺼!"

메라크는 꼬리를 붙들고 몇 차례 휘둘렀지만 아무런 변화가 없었다. 그가 한 말은 구불구불하고 우아한 곡선을 이루어 계속 떠올랐다.

"음성 수신기가 저절로 켜졌어!"

"제 진짜 생각을 말해 줄게요."

애니는 메라크의 말을 무시한 채 또박또박 말했다. 그 말과 동시에 꼬불거리는 글자들이 번쩍거리며 떠오르더니 구체 주변에서 소용돌이쳤다.

"아저씨는 사람들을 돕고 싶은 마음이 없어요. 그냥 그러는 척할 뿐이죠. 아저씨의 뒤틀린 머릿속에서는 그게 세상을 점령할 명분이 되니까요. 내가 하는 일이 옳다고 스스로에게 자꾸 말하면 어느새 자기도 그 말을 믿게 돼요. 하지만 그렇다고 정말로 괜찮은 건 아니에요. 우리가 진실을 아니까요. 아저씨가 정말로 원하는 건 무슨 일이 일어나는지 아는 유일한 사람이 되는 거예요. 아저씨는 양자 컴퓨터로 지구의 모든 암호를 풀고, 모든 시스템에 들어가서 모든 메시지를 읽고, 모든 명령을 바꾸었어요. 그건 대량 사이버 테러예요. 아저씨는 이런 모든 일을 아는 유일한 사람이 되려고 이 일을 했어요. 하지만 우리가 그렇게 하게 두지 않을 거예요. 아저씨는 내가 멍청이고, 조지는 얼빠진 놈이라고 생각하겠지만, 우리가 아저씨를 막을 거예요."

애니가 말을 마쳤다. 공중에 떠 있지만 않았어도 발을 탕 굴러서

강조했을 것이다.

애니가 말을 마치자 그 많은 말들이 구체 전체에 온갖 어지러운 문양과 소용돌이를 이루어 반짝였다. 조지는 애니에게 존경 어린 눈길을 보냈다. 애니의 말은 자신이 I AM에게 준비했던 말보다 훨씬 좋았다. 그리고 애니는 그 말을 아주 분명하고 강력하게 전달했다. 애니는 정말 독특한 아이라는 걸 조지는 새삼 느꼈다.

애니의 말에 감동한 것은 조지뿐이 아니었다. 애니가 말하는 동안 사나운 얼굴의 로봇들도 알록달록 반짝이는 말들에 사로잡힌 듯 주변을 두리번거렸다. 그들은 지도자에게 닥칠 위험에 대비해서 경호를 서고 방 안을 살피는 본래의 임무를 잊고 풀어진 채 반짝이는 구체 표면을 멍하니 바라만 보았다.

갑자기 와장창 소리가 나서 조지가 돌아보니, 로봇 둘이서 구체에 떠오른 애니의 말을 넋 놓고 바라보다 충돌해 있었다. 다른 로봇들도 얼굴에 구체 스크린의 알록달록한 빛이 반사되어서 표정이 한결 누그러들어 보였다.

애니가 조지에게 소리쳤다.

"로봇들이 최면에 걸렸어! 봐! 모두 넋이 나갔어!"

볼츠만이 복도에서 나와서 로봇 요정이라도 된 것처럼 구체를 맴돌며 춤을 추었다.

"내가 '지금'이라고 말하면……,"

조지가 애니에게 나직하게 말했다. 조지는 자기 말이 스크린에

나타나는 것도 신경 쓰지 않았다. 이제 글자들이 너무 많아서 뭐가 뭔지 알아볼 수도 없었다.

"저 사람 꼬리를 잡고 있는 힘껏 당겨. 네 말이 맞아. 애니. 저 안에 양자 컴퓨터의 조종 장치가 있는 게 분명해. 그걸 옷에서 떼어 내야 돼."

조지가 촉각 장갑을 낀 오른손 손가락을 튀기자 기쁘게도 이봇이 다시 살아났다. 이봇은 주변을 둘러보더니 자신이 우주 공간에 뜬 반짝이는 유리 구체 속 허공을 맴돌고 있다는 사실에 깜짝 놀란 것 같았다.

알리오스 메라크가 이봇을 보더니 조지가 바라던 대로 이봇에게 다가갔다. 자신이 명령하지 않았는데도 이봇이 어떻게 깨어났는지 알아보기 위해서였다.

메라크가 이봇을 들여다볼 때 조지는 손을 뒤로 당겼다가 공중에 강하게 주먹을 휘둘렀다. 그러자 이봇이 원격 조종 장갑의 명령에 따라 조지의 행동을 흉내 내서 알리오스 메라크의 코에 주먹을 날렸다.

메라크가 의식을 잃고 뒤로 비틀거릴 때, 애니는 메라크의 꼬리를 힘껏 잡아당겨서 얇은 놀이복의 천에서 떼어 냈다.

조지와 애니가 서로를 바라보았다. 그들은 집에 가고 싶었지만, 양자 컴퓨터를 잠시라도 *끄기* 전에는 그곳을 떠날 수 없었다. 그리고 그들은 양자 컴퓨터를 *끄는* 방법을 몰랐다!

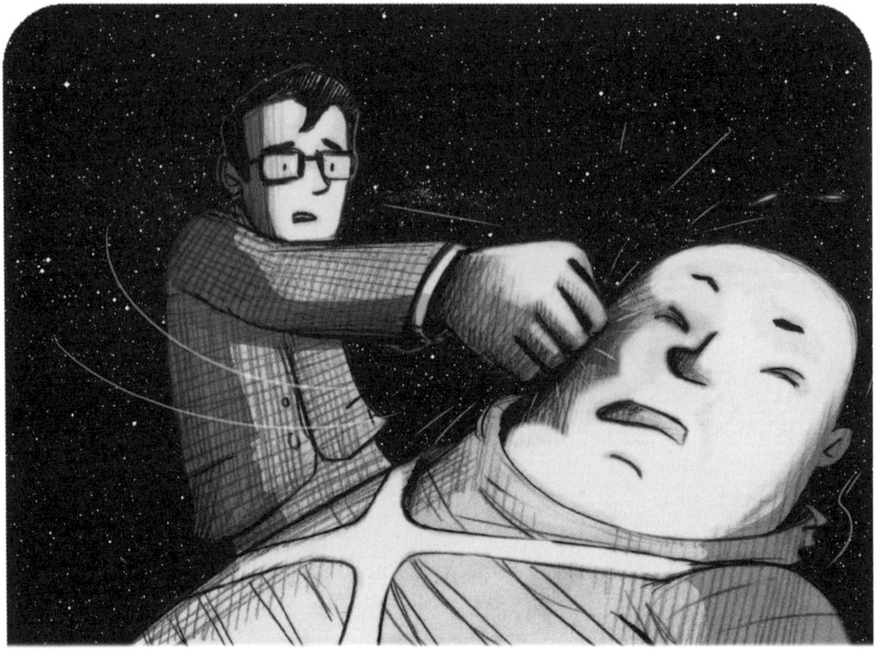

애니가 이봇의 얼굴을 잡고 눈을 들여다보았다. 지구에 있는 구형 코스모스의 관심을 끌기 위해서였다.

애니는 자신의 메시지가 코스모스에게 닿기를 간절하게 바라며 속삭였다.

"코스모스! 도와줘! 네가 필요해! 제발, 코스모스!"

18장

　조지와 애니는 폭스브리지에 있는 그 거대한 옛날 컴퓨터가 반응하기를 간절히 기다렸다. 그들 주변에서는 두뇌 없는 로봇들이 유리 구체 위의 빛에 매혹되어서 비틀거리며 춤을 추었다.
　"시간이 얼마나 있어?"
　조지가 애니에게 물었다.
　애니가 말했다.
　"얼마 없어. 봐. 로봇들에게 최면을 건 빛의 글자들이 사라지고 있어!"
　양자 컴퓨터는 이유는 알 수 없지만 이제 이 놀이가 지루해진 것 같았다. 유리 표면에 떠올랐던 알록달록한 글씨들이 차츰 희미해졌고, 그러면서 로봇들이 조금씩 깨어나고 있었다.
　"로봇들이 정신을 차리고 있어."
　애니가 다급하게 말했고, 그 말은 스크린에 나타나지 않았다.

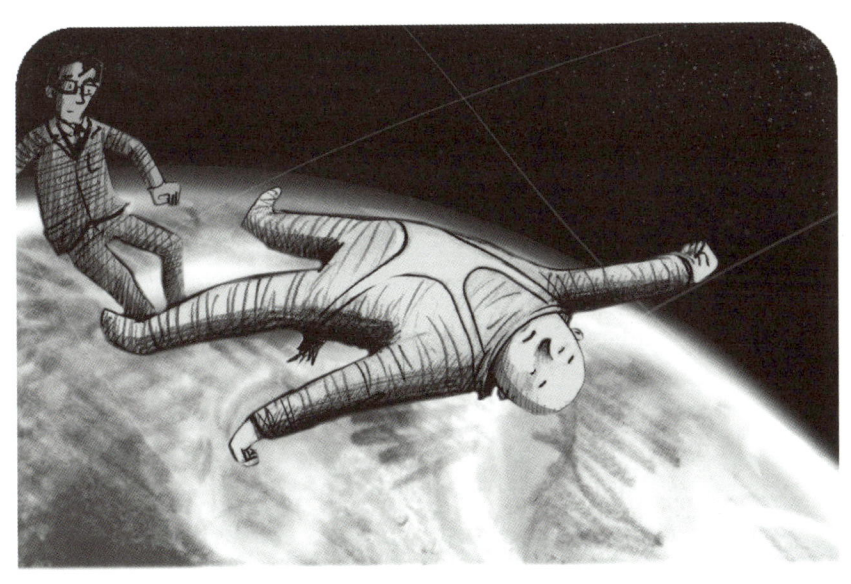

"하지만 저 사람은 아직도 의식이 없어."

조지는 지구의 풍경을 가로막고 누운 자세로 떠 있는 알리오스 메라크를 보았다.

"저 사람이 진짜 문제야."

"죽은 건 아니겠지?"

애니가 걱정이 되어 물었다. 아무리 싫은 사람이라도 죽는 것은 원치 않았다.

조지가 대답했다.

"아니, 그냥 이봇의 주먹에 정신을 잃은 거니 금방 깨어날 거야. 꼬리 스위치를 잃어서 이제 양자 컴퓨터는 조종하지 못해도, 저 로봇들한테 명령은 내릴 수 있을 거야. 그리고 머릿속에 휴대 전화가 있잖아. 이 사람이 아직 얼마나 더 위험한지 몰라."

"이 사람을 납치해서 지구로 데려갈까?"

애니는 주머니에서 알리오스 메라크의 줄무늬 꼬리를 꺼내서 혹시 양자 컴퓨터를 조종할 수 있는지 보려고 꼬리 끝에 감춰져 있던 스위치를 눌러 보았다. 하지만 아무 일도 일어나지 않았다.

조지가 말했다.

"안 돼! 나는 이 사람이 지구에 오는 거 싫어!"

애니는 이봇의 눈을 들여다보면서 꼬리의 스위치를 자꾸자꾸 눌렀다.

"코스모스! 우리를 여기서 데려가 줘!"

"이런! 저기 좀 봐!"

우주 정거장이 지구의 밤 지역으로 옮겨 가고 있었다. 불빛이 아주 드문드문했다.

"지구에는 지금 전기가 거의 없잖아! 평소에는 저렇게 어둡지 않아."

그리고 조지가 애니를 돌아보았다.

"꼬리 리모컨은 어때?"

"지금 알아보는 중이야!"

애니는 잘린 꼬리를 머리 위로 돌려도 보고, 두 손으로 당겨도 보는 등 온갖 동작을 시도하면서 양자 컴퓨터가 리모컨에 반응하게 만들려고 했다.

"양자 컴퓨터의 작동 방법을 도저히 모르겠어!"

애니가 소리쳤다.

조지가 물었다.

"너네 아빠하고 연락할 수 있는 방법이 없을까? 코스모스도 아마 모를 거 같아. 너무 옛날 기계라서 말이야. 에릭 아저씨를 부를 수 있을까?"

애니가 말했다.

"그게 가능할까? 여기 있는 전화기는 저 사람의 머릿속에 있는 것뿐인데."

조지가 말했다.

"볼츠만하고 이야기해 보자. 어쨌거나 그 로봇은 사용자 친화적이잖아. 우리를 도와줄지도 몰라."

애니는 즉시 조지의 제안에 따랐다.

"볼츠만, 나 좀 도와주겠니?"

볼츠만이 정신을 번쩍 차렸다.

"좋아! 나는 사람들을 돕기 위해 만들어졌어! 뭘 도와줄까?"

조지가 말했다.

"애니의 아빠한테 전화를 걸어야 돼. 그분의 도움이 필요해. 네가 우리를 위해 전화를 걸어 줄 수 있니? 그냥 평범한 전화를 거는 것처럼?"

볼츠만이 당당하게 말했다.

"당연히 할 수 있지! 그 사람 번호를 알아?"

애니가 전화번호를 불러 주었다.

볼츠만은 로봇 손바닥에 있는 키패드를 눌렀다. 그러더니 전화벨 소리가 울리고 에릭이 받았다.

"여보세요?"

"아빠!"

애니가 기뻐서 소리쳤다. 볼츠만은 친절하게 손을 계속 내밀어서 애니가 거기 대고 이야기할 수 있게 해 주었다.

에릭의 목소리를 듣자 조지는 목이 울컥해졌다. 양자 돔이 온갖 색깔로 반짝이더니 붉은색, 파란색, 녹색을 띤 에릭의 이미지로 변했다.

애니가 다시 말했다.

"아빠! 아빠 모습이 보여요!"

에릭이 소리쳤다.

"애니! 지금 어디 있는 거니?"

애니가 말했다.

"저희도 몰라요. 지구 위의 궤도지만 어느 궤도인지는 잘 모르겠어요."

"궤도에 있다니 그게 대체 무슨 소리냐?"

거대한 원형 스크린 같은 양자 컴퓨터에 떠오른 에릭의 얼굴에 걱정이 가득했다.

조지가 끼어들었다.

"어느 우주 정거장이에요. 여기 양자 컴퓨터가 있어요! 이 컴퓨터가 지구의 모든 암호를 푼 거예요."

"양자 컴퓨터가 있다고? 우주에?"

조지가 말했다.

"알리오스 메라크라는 사람의 우주 정거장에 있어요. 그게 진짜 이름인지는 모르겠지만요."

"알리오스 메라크……."

에릭이 말하더니 고개를 돌려 방 안의 다른 사람들에게 말하는 것 같았다.

"확인해 보세요, 여러분."

그러더니 다시 아이들을 보았다.

"지구 궤도에 불법 우주 정거장이 있다는 걸 우리가 몰랐다고?"

그가 믿을 수 없다는 목소리로 물었다.

조지가 말했다.

"투명 장막으로 감싸서 보이지 않게 했어요. 우리가 잠깐 본 적이 있지만요. 제가 토성 사진을 찍으려다가 대신 이 우주선을 찍었어요. 아저씨한테 사진을 보여 드렸는데 혹시 기억나세요?"

에릭이 말했다.

"아, 그래. 그걸 진지하게 여기지 않은 게 잘못이구나! 그리고 여러분."

그는 다시 고개를 돌려 등 뒤에 있는 보이지 않는 사람들에게 말했다.

"이 전파를 이용해서 우주 정거장의 위치를 추적해 봐요! 애니, 조지. 너희는 어서 그 우주선에서 나와야 돼!"

애니가 말했다.

"아빠, 먼저 저희한테 양자 컴퓨터 끄는 법을 알려 주세요. 이걸 이대로 그냥 두고 떠날 수는 없어요. 이걸 만든 알리오스 메라크도 이걸 마음대로 통제하지 못해요. 그래서 이 사람은 아빠한테 도움을 구하려고 했어요. 이 컴퓨터가 끔찍한 일을 저지를지도 몰라요.

핵미사일 발사 같은 거요."

하지만 에릭은 애니의 말을 무시했다.

"거기서 당장 나와. 컴퓨터를 끄려고 하지 말고 얼른 우주 정거장을 떠나. 그런데 거기에는 어떻게 갔니?"

조지가 말했다.

"구형 코스모스를 통해서 왔어요. 위치는 이봇을 통해서 추적했고요."

에릭이 말했다.

"그러면 똑같은 방법으로 돌아와. 우주의 문을 당장 소환해. 너희 전파가 위치를 알려 주고 있으니까, 여기서 우주 정거장을 공격할 수 있어."

"우주 정거장을 공격한다고요?"

애니가 물었다.

"그래, 그러니까 빨리 떠나야 해. 여기 컴퓨터 시스템 일부가 복구되었어. 우리가 통화하는 동안 너희 위치로 미사일을 겨냥했어. 당장 나와! 사람들이 우주 정거장으로 미사일을 쏠 거야. 그러니까 어서 거기서 내려와!"

조지는 이봇의 머리를 붙들고 그 눈을 들여다보았다.

"코스모스! 문이 필요해! 지금 당장!"

조지가 말할 때, 스크린에 떠올랐던 에릭의 얼굴이 양자점들 속으로 천천히 사라졌다.

"너희가 안 보이는구나!"

목소리도 희미해졌다.

"아빠! 가지 마세요!"

애니가 에릭의 얼굴이 떠 있던 지점을 향해 몸을 던지면서 소리쳤다.

"얼른 거기를 떠나라!"

마지막으로 에릭의 목소리가 방에 울렸다.

볼츠만이 전화를 닫았다.

"연결이 끊겼어."

애니가 조지에게 말했다.

"상관없어. 우리는 떠나야 돼. 아빠가 이제 이 우주선을 발견했으니까 해결해 주실 거야. 우리는 여기를 나가야 해."

하지만 그들이 행동하기 전에 정신을 잃고 있던 놀이복의 남자가 깨어났다. 남자는 고양이처럼 기지개를 켜고 눈을 뜨더니 사악한 웃음을 띠고 고개를 뒤로 젖혔다. 의식을 되찾은 건 알리오스 메라크뿐이 아니었다. 그의 로봇 군대도 제 기능을 찾은 것 같았다. 그들은 다시 무시무시한 표정을 짓고 두 친구와 이봇을 둘러쌌다. 그리고 조지와 애니가 달아날 틈이 없도록 빽빽하게 대열을 좁혔다.

알리오스 메라크가 만든 단 하나의 친절 로봇 볼츠만은 대열에서 벗어나 같은 말을 반복했다.

"누구 내 도움이 필요한 사람?"

메라크가 말했다.

"넌 이미 많은 일을 했다, 볼츠만. 내가 나중에 널 파괴해야겠다. 고철 덩어리 오작동 기계 같으니라고."

볼츠만이 소리쳤다.

"아니에요! 나는 유용한 로봇! 친절한 로봇이에요! 나는 인류를 도울 거예요!"

메라크가 되쏘았다.

"인류를 돕는다고? 그 종족은 도움 받을 자격이 없어. 어쨌건 아직은 아니야. 그들이 자기 오류를 인정하고 나한테 세상을 고쳐 달라고 부탁하기 전에는."

애니가 그를 조롱했다.

"이제는 별로 친절하시지 않군요."

메라크가 말했다.

"난독증 친구, 네가 뭐라고 하든 전혀 신경 안 써. 그저 내 컴퓨터 리모컨만 돌려주면 돼. 그러면 내 로봇들이 널 우주 정거장에서 내쫓을 거야. 넌 우주에서 바로 폭발하겠지!"

"나는요?"

조지가 물었다. 메라크가 말을 조금이라도 더 하게 해야 그 시간을 틈타 코스모스와 이봇이 우주의 문을 만들 수 있었다. 이제 그들의 탈출 희망은 그것뿐이었다.

메라크가 말했다.

"아, 너는 남을 거야. 난 네가 마음에 들거든."

조지는 몸을 떨었다.

"어쨌건 너는 사람을 싫어하고 로봇을 좋아하잖아. 그 점에서 나하고 똑같아."

메라크의 말에 담긴 섬뜩한 의미가 조지를 강타했다. 왜 메라크는 자신과 그가 같다고 생각할까? 두 사람 사이에 이렇다 할 연결점이 없는데도 말이다.

메라크가 살짝 웃었다.

"내가 너에 대해서 어떻게 아느냐고? 내가 코스모스에 침입했을 때, 네가 코스모스 앞에서 그 말을 했거든. 그 말은 내 마음에 공감을 일으켰지. 너는 나하고 똑같아. 똑같이 똑똑하고 기술을 잘 알지. 우리는 복잡한 문제를 잘 해결해. 그리고 사람을 좋아하지 않지. 나에게 잘 배우면 너는 내 후계자가 될 수 있어. 위대한 지도자에게는 후계자가 필요한 법이지. 네가 나의 후계자, 나의 부사령관이 될 거야. 너와 내가 이 세계를 지배할 거야."

조지가 비명을 질렀다.

"싫-어-어-요-오-오! 나는 당신이 싫어요!"

메라크가 교활한 표정으로 말했다.

"진심이니? 내가 너라면 어쨌건 내 말에 따를 거야. 왜냐면 안 그러면 너도 네 친구와 함께 우주선 밖으로 쫓겨나서 똑같은 운명을 맞게 될 테니까."

"그러면 조건이 하나 있어요."

조지가 코스모스가 만든 우주의 문이 어서 나타나기를 간절히 기다리면서 말했다.

"우리 둘 다 여기 남게 하든지 둘 다 내쫓든지 둘 중 하나를 선택하세요. 우리는 어떤 일도 함께할 거예요."

메라크가 눈썹을 추켜올렸다.

"대단하구나! 그리고 솔직히 예상 밖이야. 너는 과학 기술을 아주 좋아해서 인간관계를 다 끊고 과학 기술하고만 살고 싶어 할 줄 알았는데."

"그런 말한 적 없어요."

조지가 반항적으로 대답했다. 엄마와 아빠가 떠올랐다. 그분들은 때로 짜증나고 답답했지만 잠시라도 그들 없이는 살 수 없었다. 그리고 여동생들도 어디든 조지를 따라다니고. 그건 진짜 짜증나기는 했지만, 그건 그 아이들이 조지를 좋아해서 그런 거였다. 기계와 가족 사이에 선택을 해야 한다면 제아무리 멋진 기술을 들이대도 조지는 가족과 친구를 선택할 것이다.

"정말이니?"

그러자 조지는 한 발짝 물러섰다.

"아, 그런 말은 했을지 모르지만 진심은 아니었어요. 이런 식은 아니에요. 우주 정거장에서 로봇들하고만 같이 살고 싶다는 뜻은 아니었다고요!"

메라크가 말했다.

"그러니까 너는 지금 네 친구하고 원 플러스 원으로 거래를 하려고 하는구나. 너를 여기 두려면 저 난독증 계집애도 같이 두어야 한다고. 하지만 네가 무슨 주장을 할 위치가 아니라는 걸 알아 두기 바란다. 규칙은 네가 정하는 게 아니야. 이건 내 우주선이고, 내 로봇 군대고, 내 양자 컴퓨터고. 말이 나왔으니 말이지 이제 저 밑의 행성도 거의 내 거야. 이런 상황을 잘 생각하고 결정해. 내 곁에서 나를 도와주든지, 아니면 네 친구하고 같이 우주로 쫓겨나서 죽음을 맞든지. 어때?"

메라크가 말하는 동안, 이봇은 몸을 빙글 돌려서 애니나 조지나 다른 로봇과 반대로 위아래가 뒤집힌 자세가 되었다.

"싫어요."

조지가 딱 잘라 말했다.

메라크는 놀란 것 같았다.

"싫다고? 왜? 왜 싫지? 내 곁에서 함께 지내면서 지구상의 암호란 암호를 전부 풀고 싶지 않아? 왜 승리자가 되기를 원하지 않는 거지?"

"왜냐면 당신이 절대 못 풀, 그리고 이해도 못 할 암호가 있으니까요."

조지가 강력하게 말했다. 아직도 문은 나타나지 않았다. 아마도 몇 분 사이에 지구의 미사일이 우주 정거장을 파괴하거나 자신과 애니가 함께 우주로 내던져지거나 둘 중의 하나가 될 것 같았다. 어느 쪽이건 마지막 순간이 다가왔다. 조지는 마음이 차분해졌다.

조지가 말했다.

"그건 사람들 사이의 우정의 암호예요. 서로를 좋아하는 진짜 사람들은 서로를 지키고 챙기고 돌봐요. 아저씨는 그 암호는 절대 못 풀어요. 그건 아저씨한테 아무 의미가 없으니까 해독하지 못해요. 저는 아저씨를 잘 모르지만, 행복한 사람은 아저씨처럼 행동하지 않아요. 사람들을 꾀거나 협박해서 자기 말을 듣게 하지도 않고,

남의 비밀 메시지를 가로채지도, 거들먹거리지도, 남에게 상처를 주지도 않아요. 아저씨는 우정을 해독하지 못해요. 친구라는 암호는 아저씨가 절대로 풀 수 없는 암호예요."

애니가 말했다.

"맞아요! 우리는 친구예요. 조지, 정말 멋졌어."

애니는 조지 앞으로 둥둥 떠가서 그를 끌어안았다.

"지금 이게 우리의 마지막 순간이라고 해도, 적어도 우리는 함께 있어."

조지는 애니를 끌어안다가 무언가를 보고 속삭였다.

"저길 봐, 이봇이 드디어 우리를 구한 것 같아."

뒤집힌 이봇의 눈이 환하게 빛나고 있었다. 거기서 두 줄기 빛이 나와서 출입구의 외곽선을 그렸는데, 메라크와 로봇 군단은 계속 두 아이만 바라보느라 그걸 알아차리지 못했다.

애니가 목소리를 높여서 말했다.

"이거 봐요, 저기요!"

그러고는 애니가 꼬리를 있는 힘껏 내던졌다. 그러자 로봇들 전부와 알리오스 메라크가 그걸 잡으려고 이봇과 우주의 문 반대편으로 몸을 날렸다.

그들이 거기에 정신이 팔린 사이, 애니와 조지는 우주의 문으로 뛰어들었다. 그리고 애니는 손을 뒤로 뻗어서 이봇을 잡고 함께 문을 통과했다. 그들은 파멸을 앞둔 우주선을 떠나서 다시 코스모스로, 지구로, 집으로 향해 갔다.

19장

    중력이 거의 없다시피 한 곳에서 정상 중력이 있는 곳으로 이동하는 것은 그렇게 유쾌한 일이 아니었지만 애니도 조지도 신경 쓰지 않았다. 두 친구와 이웃은 구형 코스모스가 있는 지하실 바닥에 서로 겹쳐서 쓰러졌다.

    "윽, 저리 비켜!"

    애니가 조지와 이웃을 밀어내고 몸을 데구루 굴렸다.

    조지는 애니 옆에 등을 대고 누웠다. 둘 다 눈을 감고서 코스모스의 텔레타이프 소리를 들었다. 구형 코스모스는 다시 기계 대화를 시작해서 종이 다발을 쭉쭉 밀어내고 있었다.

    조지가 마침내 눈을 떠서 보니, 바닥에 쌓인 종이 다발에는 복잡한 수학식이 신문 기사 제목 같은 글씨로 가득 찍혀 있었다. (그리고 글씨들 살짝 위쪽과 아래쪽에 조그만 숫자들이 흩뿌려져 있었다.) 전혀 걸맞지 않아 보이는 다이어그램도 몇 개 있었는데, 그중에는 그들이 방금 아슬아슬하게 탈출한 우주 정거장 같은 모양도 있었다.

이런 그림을 찍을 때는 프린터 소리가 달랐다. 넓은 공백 부분을 휙 건너뛰고 멈춰서 작은 이미지 부분을 타닥타닥 찍은 뒤 다시 똑같은 일을 하고 마침내 줄을 바꿨다.

하지만 조지는 고개를 들었다가 코스모스에서 나오는 종이들 뒤쪽을 보고 기겁을 했다. 자기 꼬리를 손에 들고 서서 슈퍼컴퓨터에서 나오는 프린트물을 보고 있는 사람이 다름 아닌 알리오스 메라크였기 때문이다. 그 얼굴에는 아주 보기 싫은 미소가 떠올라 있었다.

조지는 심장이 덜컹 내려앉았다. 조지가 애니의 손을 꽉 잡자 애니가 놀라서 눈을 떴다.

그들은 마침내 위험을 벗어났고, 그와 동시에 세계 정복의 야욕에 사로잡힌 놀이복의 남자에게서 지구를 구했다고 생각했었다. 하지만 그 적이 그들의 뒤를 따라온 것이다. 눈앞이 캄캄해졌다. 메라크를 이겼다고 생각한 순간 그를 다시 보는 일은, 그를 처음 만났을 때보다 훨씬 더 무서웠다. 그들이 그를 구형 코스모스가 있는 곳으로 데리고 왔고, 그가 이 슈퍼컴퓨터를 손에 넣으면 어떤 피해를 끼칠지 아무도 몰랐다. 해피 엔딩인 줄 알았던 결말이 완전히 뒤틀렸다.

반면, 메라크는 공포도 불안도 느끼지 못하는 것 같았다. 태도가

아주 여유로웠다. 그는 골똘히 생각하며 코스모스가 출력한 종이의 내용을 소리 내서 읽었다.

"나노 로봇 싱글 큐빗 요소, 작동 온도 : 절대 온도 140도에서 250도. 우주에 위치한 이유. 꾸준히 저온대에 있어야 할 필요. 그래서 내가 그걸 우주에 지었지. 알게 되니 좋구나! 두 꼬맹이와 공룡 컴퓨터가 나타나서 알려 주다니 기분이 좋아. 너희는 알았니?"

그가 아직도 바닥에 있는 두 아이에게 말했다.

"절대 온도 250도가 섭씨로는 영하 23도라는 걸?"

아이들은 겁에 질려 바닥에 있었고, 메라크는 계속 읽었다.

"아, 그리고 나는 내 양자 컴퓨터의 과열을 막기 위해 나노 로봇 태양 전지판을 만들었어. 내가 이렇게 똑똑하다니까! 이걸 봐. 착하기도 하지! 이 늙어 빠지고 케케묵은 친구가 프로그래밍 언어 'C'로 쓴 전체 프로그램의 코드를 인쇄했어. 이게 뭐지?"

구형 코스모스가 다시 글씨를 찍었고, 메라크가 읽었다.

"현재 시각 04:31:18. 153초 간 악의적 활동 감지되지 않음. 아이쿠! 내 우주 정거장이 파괴되었다는 거야? 그건 안타까운 일이네. 뭐, 그렇다고 내가 끝난 건 아니야. 나는 긍정적인 사람이니까 이 일을 새로운 시작으로 삼겠어."

"여긴 어떻게 왔죠?"

조지가 일어나서 애니를 일으켜 세웠다. 계속 이 고약한 인간의 발치에 쓰러져 있기는 싫었다.

메라크가 말했다.

"너희를 따라서 문을 통과했지. 아슬아슬하게 따라왔어. 너희는 문을 지나가는 데 정신이 팔려서 뒤를 돌아보지 않더구나! 어린 학생다운 일이야. 적절해."

"양자 컴퓨터가 없으면 아저씨는 끝이에요."

애니는 메라크에게 승리를 안겨 줄 수 없었다. 애니와 조지는 수많은 모험을 함께했다. 그들은 이 미친 남자에게 결코 굴복할 수 없었다.

메라크가 놀이복의 먼지를 털면서 가볍게 말했다.

"괜찮아. 다시 만들면 돼. 그런데 그 문은 정말이지 구식이야. 이제 그런 방식은 없어진 줄 알았는데 말이야! 그리고 문이 어찌나 느리게 닫히던지. 그래서 내가 너희를 따라올 수 있었지. 이봐, 할배! 고물로 살아가는 기분이 어때?"

메라크는 구형 코스모스를 발로 찼다.

"코스모스를 차지 말아요!"

애니가 화를 내며 말했다.

메라크는 애니에게 웃어 보이고 다시 코스모스를 찼다.

애니가 메라크에게 달려들어서 주먹으로 그의 놀이복을 때리며 소리쳤다.

"난 당신이 싫어. 너무 못되고 무례하고 이기적이야. 당신은 사람들이 자기 원하는 걸 하게 두지 않고 당신 말대로 하기를 원해."

메라크는 애니를 밀쳤고, 애니는 조지의 발 앞에 쓰러졌다.

"아저씨는 이제 아무것도 못해요."

조지가 용기를 내서 애니 앞으로 나서면서 말했다.

"에릭 아저씨가 우리가 여기 있는 걸 알아요."

조지는 그게 사실이기를 바랐다.

"사람들이 여기로 오고 있어요. 아저씨는 이제 피할 수 없어요! 우리를 괴롭힐 다른 방법이 없다고요!"

메라크가 혀를 찼다.

"안타깝구나. 괴롭힘이라는 말은 그만두렴! 우월한 힘을 보여 주는 게 무슨 잘못이지? 명청한 너희 어린애들은 그걸 무슨 비도

덕적인 일로 여기지만."

"조지는 당신 후계자라면서요!"

애니가 다시 일어서면서 소리쳤다.

메라크가 미소 지었다.

"내가 틀렸어. 이런 말은 내가 자주 하는 말은 아니야. 나는 이미 전 세계 3D 프린터 네트워크를 통해서 내 로봇 군대를 복제하라는 명령을 내렸어. 그중 몇몇은 너희도 알다시피 이미 지구에 있지. 내가 그들을 여기로 불렀거든. 거의 다 왔을 거야."

"볼츠만도 복제해요?"

애니가 물었다.

메라크가 말했다.

"아니, 그 모델은 단종시킬 거야. 성공했을 때 그런 놈은 떼어 내기도 힘들고 믿을 수도 없으니까. 나는 처음 지구를 구하러 올 때 착한 행동을 하려고 했다만, 너희 때문에 계획을 바꾸었어. 이제 앞으로 나는 처벌의 통치만을 할 것이다. 너희 세계가 박살 나는 걸 보면서 그게 다 너희 잘못이라는 걸 절실히 느껴 보렴. 재미있지 않겠니?"

그는 꼬리를 밧줄처럼 휘둘렀다.

"어쨌건 나한테는 재미있어."

지하실 바깥에서 누군가 문을 쾅쾅 거세게 두드렸다. 두 친구는 침을 꿀꺽 삼켰다. 그들이 꼼짝 못하고 바라만 보는데 문 두드리는

소리가 점점 거세졌고 마침내 문이 부서졌다. 조지는 그게 에릭과 동료 과학자들이기를 바랐지만 그렇지 않았다. 똑같이 생긴 메라크의 로봇 둘이 쿵쿵 지하실로 내려왔다.

조지는 이봇을 돌아보았다. 납치, 우주 정거장, 우주의 문을 모두 겪고 머리만 살짝 헝클어진 채 지구로 돌아온 이봇은 힘이 다 빠진 것처럼 구석에 힘없이 늘어져 있었다.

구형 코스모스도 그들을 보호해 주러 나서지 않았다. 어쨌거나 조지가 코스모스에게 가려면 메라크를 둘러가야 했다. 그들이 이 모든 모험에서 겨우 살아 돌아온 결과가 세계 정복의 야심을 품은 놀이복 차림의 미친 남자와 그의 사악한 로봇 군대에게 붙잡히는 것이었나? 정말로 그들은 모든 게 끝난 것인가?

조지는 다시 한 번 애니의 손을 잡았고, 둘은 한 마음으로 위협에 맞서기로 결심했다.

하지만 그들이 마지막 한 줄기 희망마저 포기한 순간, 어쩐 일인지 로봇들은 그들을 체포하지 않았다. 대신 알리오스 메라크를 잡았고, 메라크는 로봇의 강력한 손에 잡혀 버둥거렸다.

메라크가 소리쳤다.

"이거 놔, 명령이다! 내 명령을 잘못 들었어. 내가 아니야, 한심한 고철 덩어리들아! 저것들을 잡으라고!"

메라크는 두 손을 빼내서 두 아이를 가리키려고 했지만, 로봇들은 그의 두 손을 등 뒤로 강하게 잡았다.

로봇들이 자신들의 옛 지도자를 잡았을 때, 코스모스가 다시 종이에 말을 찍는 소리가 들렸다.

조지가 컴퓨터로 달려가서 종이의 글을 소리 내서 읽었다.

"암호를 푸는 능력이 자기한테만 있는 줄 알면 큰 착각이지. 메시지를 가로채서 내용을 바꾸는 능력도. ㅋㅋㅋ!"

조지가 웃음을 터뜨리고 유쾌하게 말했다.

"애니! 코스모스가 로봇 군대를 통제할 힘을 얻었어. 그게 맞지, 친구?"

코스모스가 반짝거리며 대답했다.

맞아, 내가 그 로봇 군대 전체를 친절한 로봇으로 만들 거야. 이 둘만 빼고. 이 친구들은 에릭이 올 때까지 이 인간을 붙잡아 두어야 하니까.

"와, 코스모스!"

애니가 감탄하고 코스모스를 끌어안으려고 달려가다가 그게 불가능하다는 것을 깨닫고 멈추었다.

"네 덕분에 살았어!"

코스모스가 말했다.

조지, 애니. 다음에는 새로운 것뿐 아니라 오래된 것에도 지혜가 있다는 걸 꼭 기억해 줘.

조지가 말했다.

"응! 잊지 않을게, 멋진 친구!"

그리고 조지는 아직도 로봇들에게서 풀려나려고 버둥거리는 메라크에게 돌아섰다.

"그리고 당신은 에릭 아저씨가 올 때까지 여기 있어요! 그분이 아마 양자 오류 탐지를 할 거예요!"

알리오스 메라크가 침울하게 말했다.

"날 두고 어딜 가는 거야? 나를 로봇들하고 이 지하실에 두고 가면 안 돼! 이건 부당해. 나는 먹을 것도 없고, 마실 것도 없고, 할 일도 없어. 이건 국제 로봇 협약에 어긋나. 변호사를 부르겠어! 너희는 대가를 치를 거야!"

애니가 조지와 함께 지하실을 나서면서 말했다.

"아주 흔한 논리지. 자기가 지니까 부당하대. 자기가 이기고 있을 때는 규칙 따위는 신경 쓰지 않았으면서."

컴퓨터가 할 수 없는 것

우리가 알고 있는 모든 컴퓨터의 설계는(양자 컴퓨터를 포함해서) 오직 충분한 시간과 메모리가 주어졌을 때 튜링 기계가 계산할 수 있는 것만을 계산할 수 있다. 하지만 튜링은 어떤 수학적 문제는 계산할 수 없다는 것을 증명했다. 다시 말해서 그런 문제는 어떤 튜링 기계로도 풀 수 없고, 오늘날 우리가 아는 어떤 컴퓨터로도 풀 수 없다는 뜻이다! 튜링은 이것을 정지 문제라고 하는 튜링 기계 관련 문제로 보여 주었다.

정지 문제

튜링 기계는 언제 정지할까? 튜링 기계에 한 가지 상태만 있다면 (상태 O), 필요한 규칙은 기계가 O 또는 1을 읽으면 어떻게 해야 하는가 이 두 가지 뿐이다. 이 규칙들은 1 규칙을 어떻게 만드느냐에 따라서 여러 방법을 통해 다양한 결과로 이어질 수 있다.

- O 규칙은 O을 떠나서 오른쪽으로 가다가 숫자 1 입력을 보면 정지하라는 것이다. 기계는 정지하고 답을 출력한다.
- 하지만 튜링 기계는 무한 반복에 빠질 수 있다. 1 규칙을 '1을 읽으면 1을 쓰고 왼쪽으로 이동한다'로 선택하면, 기계가 이전의 O으로 돌아갔다가 다음번 초침 이동 때 O 규칙에 따라서 1로 돌아가는 식으로 이 두 가지 동작을 영원히 반복할 것이다.
- 영원히 정지하지 않는 튜링 기계를 만드는 것도 쉽다. 1 규칙을 '1을 읽으면 O을 쓰고 왼쪽으로 이동한다'로 바꾸면, 기계가 이전의 O으로 돌아갔다가 돌아오지만, 이번에는 O을 보고 다음번 1까지 계속 이동한다. 기계는 모든 1을 O으로 바꾸고 오른쪽으로 끝없이 이동한다.

컴퓨터가 할 수 없는 것

H 기계

앨런 튜링은 이런 문제를 제기했다. 튜링 기계의 프로그램과 약간의 추가 데이터를 입력했을 때, 그 데이터를 받은 기계가 정지해서 답을 출력하는 일이 없다면, O의 답을 출력하는 알고리즘이 있을까?

그런 알고리즘이 있다고 가정해 보자. 그것을 수행하는 튜링 기계도 있을 것이다. 나아가 데이터가 자신의 프로그램일 때 튜링 기계가 정지하지 않을지 시험할 수 있는 기계도 있을 것이다. 이 기계를 H라고 하고, 데이터를 입력해서 H 기계가 그 데이터가 튜링 기계의 프로그램일 때에만 정지하도록 해 보자. 이 튜링 기계는 자신의 프로그램이 입력될 때 정지하지 않는 종류다.

우리가 H에게 그 자신의 프로그램을 투입하면 어떤 일이 일어날까?

그것이 정지하면 그것은 자신의 프로그램을 입력해도 정지하는 종류의 튜링 기계이다. 하지만 H는 그런 기계의 프로그램을 투입했을 때 정지하지 않도록 설계되었다!

정지하지 않으면 H는 자신의 프로그램이 입력되어도 정지하지 않는 기계지만, 그렇다면 H 프로그램이 투입된 H는 정지해야 한다. 특별히 그런 기계를 감지하도록 설계되었기 때문이다.

어느 경우에도 이것은 모순이다! 이런 모순적 상황은 수학자가 틀렸음을 알려 준다. 그러므로 상상의 튜링 기계 H—이것은 실제로 존재할 수 없다—는 아주 교묘한 장치였다. 그를 통해 튜링 기계는, 어떤 입력을 받은 어떤 튜링 기계라도 그것이 정지하지 않는지 여부는 계산할 수 없다는 것이 증명되었다. 그리고 이 질문이 튜링 기계로 해결될 수 없다면 당연히 우리가 현재 상상할 수 있는 어떤 컴퓨터로도 계산할 수 없다.

간단히 말해서 컴퓨터는 이 문제를 풀 수 없다!

무한한 수

가능한 프로그램과 튜링 기계의 수는 무한하지만, 모든 컴퓨터 프로그램은 하나의 긴 2진 숫자로 바꿀 수 있기 때문에, 수학자는 모든 프로그램 또는 기계의 집합을 가산 무한 집합으로 설명한다. 그것들을 크기순으로 정렬할 수 있기 때문이다.

하지만 훨씬 더 큰 무한수들이 있다. 예를 들어 무한한 소수점 자리가 있는 소수—이것들은 '실수'라고 한다—가 있다. 실수 가운데는 컴퓨터로는 그 자릿수를 만들 수 없는 것들도 있다. 예를 들면 컴퓨터는 실수 π(원의 둘레 등을 계산할 때 사용하며 줄여서 흔히 3.142라고 말하는 수)의 소수점 자리를 끝없이 내려갈 수 있다. 그것의 시작은 3.1415926535이고, 어느 컴퓨터는 이 계산을 소수점 이하 조 단위 자리까지 계산했다. 하지만 대부분의 실수는 이렇게 만들 수 없다. 그것들은 근본적으로 계산 불가능하다. 컴퓨터는 그 일을 할 수 없다!

미래에는?

어떤 이론가들은 미래에는 새로이 밝혀진 물리학에 토대해서 튜링 기계 이상의 계산을 할 수 있는 새로운 유형의 컴퓨터가 나올 것이고, 어쩌면 인간의 두뇌(본래의 '컴퓨터')가 그 중 하나일 거라고 생각한다.

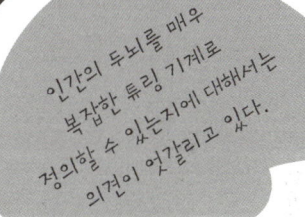

인간의 두뇌를 매우 복잡한 튜링 기계로 정의할 수 있는지에 대해서는 의견이 엇갈리고 있다.

"집에 가자, 애니. 넌 어떤지 몰라도 나는 엄청 배가 고파!"

조지가 스케이트보드를 집어 들고 계단을 향해 걸어갔다.

그러자 애니가 말했다.

"잠깐! 코스모스한테 인사는 하고 가야지!"

조지가 거대한 컴퓨터를 보고 웃으며 말했다.

"고마워, 코스모스. 너는 우리뿐 아니라 온 세계를 구했어."

코스모스가 불빛을 반짝이며 말했다.

나도 즐거웠어. 누군가에게 도움을 베푸는 일은 기쁘거든. 에릭에게도 전부 말해 줘. 혹시 나를 폐기할까 생각하고 있을지도 모르니까.

애니가 약속했다.

"그런 일은 절대 안 일어나게 할게. 너는 이제 우리의 영원한 친구야!"

바깥으로 나오자 아름다운 대학 도시의 조용한 거리에 은빛 새벽이 터 오고 있었다. 유서 깊은 석조 건물들이 새로 떠오른 햇빛을 반사했다. 문과 아치 밑에서 사람들이 잠을 자고 있었다. 조지와 애니는 스케이트보드를 타고 그 사람들 앞을 지나치면서 아침 식사 이야기를 했다.

조지가 군침을 삼키며 말했다.

"나는 팬케이크를 탑처럼 쌓고 거기 메이플 시럽을 끼얹어서 먹고 싶어."

애니가 말했다.
"난 베이컨! 따뜻하고 바삭한 베이컨!"
"베이컨?"
그 말에 조지는 애완 돼지 프레디가 생각났다.
애니가 말했다.
"아, 너는 안 먹어도 돼. 그리고 우리 집에 그런 게 있을 것 같지도 않아."
조지는 두 집의 텅 빈 부엌이 떠올랐다.
"원래대로 돌아가는 데 시간이 많이 걸릴 거야."
조지가 스케이트보드로 달리며 말했다.

"이제 앞으로 어떻게 될까. 그러니까 아빠하고 과학자들은 이 일을 세상에 어떻게 설명할까?"

애니는 리틀 세인트메리스 로에 다가가면서 물었다.

"무슨 소리야?"

"'지구인 여러분, 놀이복을 입은 미치광이가 우리를 공격했습니다. 그 사람은 모두에게 돈도 식품도 다 공짜로 주는 척했지만 실제로는 세상을 정복하려고 했습니다.' 하고 말할 수는 없잖아."

조지가 생각에 잠겨서 말했다.

"모르겠다. 그냥 진실을 말하는 게 가장 좋을 수도 있어."

"그럴지도 모르지."

애니가 대답했다.

그들은 조지의 집 현관으로 갔다. 성난 군중이 떼어 낸 현관문이 아직 땅바닥에 뒹굴고 있었다. 하지만 거리는 조용하고 인적도 없었다. 자동차도 없고, 머리 위를 날아가는 비행기도 없고, 전화 소리도 텔레비전 소리도 없었다. 새로운 하루를 맞는 소도시의 평범한 법석이 전혀 없었다.

애니가 말했다.

"진짜 이상하다! 컴퓨터가 발명되기 전의 생활이 이랬을까?"

조지가 말했다.

"그랬겠지. 하지만 이 상태가 오래 가지는 않을 거야. 너네 아빠랑 과학자들이 모든 걸 제자리에 돌려놓을 테니까. 몇 시간만 지나

면 세상은 원래 상태로 돌아갈 수 있을 거야."

둘은 조지의 집 안으로 들어갔다.

"지금은 이렇게 평화롭고 고요한데……."

조지는 부엌에 서서 뚜껑문을 내려다보고 말했다. 쌍둥이들이 즐겁게 노래하는 소리가 들렸고, 누군가 지친 목소리로 "얘들아! 아직 새벽이란다!" 하고 말하는 소리가 들려왔다.

애니가 웃으며 뚜껑문의 빗장을 풀었다. 애니와 조지가 뚜껑문 양쪽을 하나씩 열어서 지하실 안으로 아름다운 폭스브리지의 아침 햇살을 들여보냈다. 그러자 지하 대피소를 떠나고 싶었던 헤라와 주노가 재빨리 계단으로 기어 왔다.
"생명이 있으라!"
거실로 쏟아져 나오는 식구들을 보며 애니가 말했다.

〈4부 마침〉

우주의 생명

우주에서 생명의 발달, 특히 지능 생명체의 발달에 대해 이야기하고자 한다. 여기에는 인류도 포함될 것이다. 역사상 인류는 지능 생명체라는 말과 어울리지 않게 매우 어리석은 행동을 많이 했지만!

사물은 시간이 지나면서 점점 더 무질서하고 혼란스러워진다. 이런 사실에 대해 '열역학 제2 법칙'이라는 법칙이 있다. 이 법칙에 따르면 우주에서 무질서, 즉 엔트로피의 총량은 시간이 지나면서 항상 높아진다. 하지만 이 법칙이 가리키는 것은 무질서의 총량뿐이다. 주변 환경의 무질서의 양이 큰 수치로 증대하면 한 개체의 질서는 높아질 수 있다. 생명체에서 일어나는 일이 바로 그것이다. 생명이란 무질서해지는 경향에 지속적으로 맞서는 질서 있는 시스템이라고 정의할 수 있다. 즉 그것은 유사하지만 각기 독립된, 질서 있는 시스템을 만든다. 이를 위해서 이 시스템은 어떤 질서 있는 형태—음식, 햇빛, 전기—에 든 에너지를 열이라는 형태의 무질서한 에너지로 바꾸어야 한다. 이 시스템은 이런 방법으로 무질서의 총량이 커지는 동시에 그 시스템 자체와 후손의 질서는 커진다는 조건을 충족시킬 수 있다. 이것은 아이가 한 명씩 태어날 때마다 집이 더 지저분해지는 것과 같다!

생명체는 대개 두 가지 요소를 가지고 있다. 시스템 자체를 유지시키고 재생산하는 명령, 그리고 이런 명령을 수행하는 메커니즘이다. 생물학에서 이 두 가지는 유전자와 대사라고 부른다.

보통 '생명'이라고 말하는 것은 탄소 원자 사슬에 질소나 인 같은 몇 가지 다른 원소가 결합한 것이 그 토대를 이룬다. 138억 년 전 무렵 빅뱅으로 우주가 시작되었을 때는 탄소가 없었다. 그때는 우주가 너무 뜨거워서 모든 물질이 양성자와 중성자라고 하는 입자 형태였을 것이다. 처음에는 양성자와 중성자의 숫자가 같았을 것이다. 하지만 우주는 팽창하면서 식었다. 빅뱅 1분쯤 후에 그 온도는 태양의 온도의 약 100배인 10억 도 정도로 내려갔을 것이다. 이 온도에서 중성자가 붕괴해서 양성자로 변하기 시작한다.

이게 전부였다면 우주의 물질은 가장 단순한 원소인 수소가 전부였을 것이다. 수소의 핵은 양성자 하나로만 이루어져 있다. 하지만 중성자 일부가 양성자와 충돌하고 붙어서 수소 다음으로 단순한 원소인 헬륨을 만들었다. 헬륨의 핵은 양성자 두 개와 중성자 두 개로 이루어져 있다. 탄소나 산소 같이 더 무거운 원소는 초기 우주에서는 만들어지지 않았을 것이다. 수소와 헬륨만으로 생명체를 만드는 일은 상상하기가 어렵다. 어쨌건 초기 우주는 아직 너무 뜨거워서 원자들이 결합해서 분자를 만들기가 어려웠다.

우주는 계속 확장하면서 식었다. 하지만 그러면서 어떤 영역은 다른 영역보다 밀도가 약간 높아졌고, 그런 영역은 추가 물질의 중력 끌림 때문에 팽창이 느려지고 마침내 멈추었다. 그런 곳은 빅뱅 후 20억 년부터 붕괴가 시작되어 은하를 만들고 별을 만들었다. 초기의 어떤 별들은 우리의 태양보다 거대했을 것이다. 그것들은 태양보다 더 뜨거

우주의 생명

웠을 테고, 본래의 수소와 헬륨을 태워서 탄소, 산소, 철 같은 무거운 원소들을 만들었을 것이다. 이 과정은 몇 억 년 정도밖에 걸리지 않았을 것이다. 그런 뒤 어떤 별들이 초신성으로 폭발하면서 무거운 원소들을 우주로 흩뿌려서 이후 세대 별들의 원재료를 공급했다.

우리의 태양계는 약 45억 년 전 또는 빅뱅 약 100억 년 후에 만들어졌다. 지구는 주로 탄소와 산소 같은 무거운 원소로 이루어졌다. 어떻게 해서인지 이 원자들이 DNA 분자 형태를 이루게 되었다. 그것은 1950년에 크릭과 왓슨이 케임브리지 대학 뉴뮤지엄사이트의 작은 건물에서 발견한, 유명한 이중 나선 구조를 띠고 있다. 나선형을 이룬 사슬 두 줄은 한 쌍의 핵산이다. 핵산은 아데닌, 키토신, 구아닌, 티아민의 네 가지가 있다.

우리는 DNA 분자가 어떻게 해서 처음 나타났는지 모른다. 임의적 요동에 의해 DNA 분자가 생겨날 확률은 매우 적기 때문에, 어떤 사람들은 지구의 생명이 다른 곳에서 왔으며—행성들이 불안정했을 때 화성에서 떨어져 나온 바위에 실려 왔다는 설이 있다—, 은하에 생명의 씨앗들이 떠다니고 있다고 주장한다. 하지만 DNA가 우주 복사를 오랜 시간 견뎌 낼 수 있을 것 같지는 않다. 화석 증거를 보면 35억 년 전의 지구에 일종의 생명 행태가 있었다. 그것은 지구가 생명이 발전할 만한 안정성과 서늘한 온도를 갖춘 지 겨우 5억 년 후의 일이다. 지구에 생명이 그렇게 일찍 나타났다는 것은 알맞은 조건에서는 생명이 자발적으로 생겨날 확률이 높다는 뜻이다. 어쩌면 처음에는 좀 더 단순한 조직 형태가 있다가 그것이 DNA로 발전한 것인지도 모른다. 하지만 일단 DNA가 등장하자, 그것은 매우 번창해서 다른 초기 형태들을 완전히 밀어내 버렸을 것이다. 우리는 이런 초기 형태들이 어떤 것이었는지 모르지만, 그 가능성이 있는 한 가지가 바로 RNA다.

RNA는 DNA와 같지만, 좀 더 단순하고 이중 나선 구조가 아니다. RNA의 일부는 DNA처럼 자신을 복제할 수 있고, DNA로 발전할 수 있다. 실험실에서 무생물로는 RNA는 고사하고 핵산조차 만들 수 없다. 하지만 5억 년이라는 시간과 지구 대부분을 덮은 바다가 있다면, RNA가 우연히 만들어질 확률도 어느 정도 있을지 모른다.

DNA가 스스로를 복제할 때 임의적 실수가 생길 수 있다. 그 가운데 많은 수가 해로운 것이고 결국 사라진다. 어떤 실수는 중립적이다. 그것은 유전자의 기능에 영향을 미치지 않는다. 그리고 소수의 실수는 종의 생존에 유리하게 작용한다. 이런 특징들이 다윈이 말한 '자연 선택'을 받았을 것이다.

생물학적 진화 과정은 처음에는 매우 느렸다. 최초의 세포에서 다세포 동물로 진화하는 데 25억 년이 걸렸고, 이것이 어류, 파충류를 거쳐 포유류로 진화하는 데 다시 10억 년이 걸렸다. 하지만 초기 포유류에서 우리 인간까지 발전하는 데 겨우 1억 년밖에 걸리지 않았다. 어류가 이미 인간과 포유류의 중요한 장기 대부분을 갖고 있기 때문이다. 여우원숭이 같은 초기 포유류에서 인간으로 진화하는 데는 약간의 미세 조정만 필요했을 뿐이다.

하지만 인간이 나타나면서 진화는 한 가지 결정적인 단계에 이르렀다. 그 중요성에서 DNA

의 발전과 비교할 만한 그것은 언어, 특히 문자 언어의 발전이다. 언어가 생기면서 인간은 정보를 DNA를 통한 유전적 방식 이외의 방식으로도 다음 세대에게 전달할 수 있게 되었다. 역사가 기록된 지난 1만 년 동안 생물학적 진화에 의한 인간 DNA의 변화도 약간 보이지만, 세대를 통해 전해진 지식의 양은 엄청나게 증가했다. 나는 과학자로서 일하는 동안 우주에 대해 알게 된 것들을 책으로 썼고, 그렇게 함으로써 내 머릿속의 지식을 책에 옮겨서 독자들이 읽을 수 있게 했다.

인간의 DNA에는 30억 개 가량의 핵산이 있다. 하지만 이 핵산의 배열에 담긴 정보의 상당수는 중복되거나 비활성화되어 있다. 그래서 우리 유전자에 담긴 유용한 정보의 총량은 아마 1억 비트 정도로 추산된다. '예/아니오'를 묻는 질문의 답—그러니까 예 또는 아니오—이 정보의 1비트다. 이와 비교해 보면 평범한 소설책은 대략 2천만 비트의 정보를 담고 있다. 그러므로 사람 한 명은 해리 포터 책 50권과 같다. 그리고 대형 국립 도서관에는 500만 권 가량의 책, 그러니까 10조 가량의 비트가 있다. 그래서 책과 인터넷으로 전달되는 정보의 양은 DNA의 수십만 배에 이른다!

이것은 우리가 새로운 단계의 진화에 들어섰다는 뜻이다. 진화는 처음에는 자연 선택—임의적인 변이—을 통해 진행되었다. 이 다윈적 과정은 35억 년 동안 계속되어서 우리, 그러니까 언어를 만들어서 정보 교환을 한 존재를 낳았다. 하지만 지난 1만 년은 우리에게 외적 전달 단계라고 할 만한 시기였다. DNA의 계승으로 전달되는 내적 정보 기록은 약간 바뀌었다. 하지만 책을 비롯한 여러 가지 저장 매체들에 담긴 외적 기록은 엄청나게 증대했다. 어떤 사람들은 '진화'라는 말은 내적 전달 유전 물질에만 쓰고, 외적으로 전달되는 정보에는 쓰지 말아야 한다고 말한다. 하지만 나는 그런 견해는 협소하다고 본다. 우리는 유전자에 국한되지 않는다. 우리는 원시 시대 조상보다 힘이 더 세지도 않고 지능이 특별히 더 높지도 않을 것이다. 하지만 그들과 우리가 다른 것은 지난 1만 년 동안, 특히 지난 300년 동안 축적한 지식 때문이다. 나는 과학이 넓은 관점을 도입해서 인류 진화의 개념에 DNA뿐 아니라 외적 전달 정보도 포함하는 게 옳다고 생각한다.

그럼에도 우리는 여전히 원시 인류와 같은 본능이 있고, 특히 공격 충동을 갖고 있다. 다른 사람을 굴복시키거나 죽이고 식량을 빼앗는 공격성은 오늘날까지 확실한 생존의 이점이 있었다. 하지만 이제 그 본능은 인류와 많은 생명체를 파괴할 수 있다. 가장 당면한 위험은 핵전쟁이지만, 유전자 조작, 바이러스의 살포 같은 위험이나 불안정한 온실 효과도 있다.

다윈적 진화를 통해 인류가 더 똑똑하고 선량해지도록 기다릴 시간이 없다! 하지만 인류는 지금 '스스로 설계하는 진화'라고 부를 수 있는 새로운 단계로 들어섰다. 이제 우리는 우리의 DNA를 직접 바꾸고 고칠 수 있게 될 것이다. 인류는 DNA 지도를 완성했다. 그것은 우리가 '생명의 책'을 읽었다는 뜻이다. 그래서 그 책을 수정할 수도 있다. 처음에는 낭포성 섬유증 또는 근위축증처럼 단 한 개의 유전자에 의해 생겨서 찾아내기도, 수정하기도 쉬운 유

우주의 생명

전적 결함을 고치는 데 국한될 것이다. 지능 같은 요소는 많은 수의 유전자가 관계될 것이고, 그 유전자들을 찾고 서로의 관계를 알아내는 일은 훨씬 어려울 것이다. 하지만 사람들은 분명 지능, 그리고 공격성 같은 본능을 수정할 방법을 찾아낼 것이다.

인류가 스스로를 다시 설계해서 자멸의 위험을 줄이거나 없앤다면, 그들은 아마도 지구 밖으로 나가서 다른 행성과 별들을 개척할 것이다. 하지만 장거리 우주여행은 우리처럼 DNA에 기초한 화학적 생명체에게는 어려운 일일 것이다. 이런 존재들의 자연 수명은 여행 시간에 비교하면 너무도 짧다. 상대성 이론에 따르면 어떤 것도 빛보다 빨리 움직일 수 없기에 가장 가까운 별까지 왕복하는 것도 최소한 8년이 걸리고, 은하 중심부까지는 10만 년이 걸린다. 과학 소설에서는 공간 왜곡이나 추가 차원 이동을 통해 이런 문제를 극복한다. 하지만 나는 인류가 아무리 똑똑해진다 해도 그런 일이 가능 거라고는 보지 않는다. 상대성 이론에서는 빛보다 빠른 속도로 이동하면 시간이 거꾸로 가게 되는데, 그러면 사람들은 시간을 거슬러 가서 과거를 고치려고 할 것이다. 그렇다면 이미 미래에서 많은 관광객이 와서 우리의 구식 생활 방식을 신기하게 봐야 하지 않겠는가!

유전 공학을 사용해서 DNA 기반 생명체가 끝없이, 아니면 적어도 10만 년 이상 살게 만들 수 있을지도 모른다. 하지만 더 쉬운 방법은 바로 기계를 보내는 것이다. 우리는 항성간 여행을 할 수 있을 만큼 수명이 긴 기계를 만들 수 있다. 그것들이 새로운 별로 가면 적절한 행성에 착륙하고 광물질을 캐내서 더 많은 기계를 만들고, 새 기계들을 또 다른 별들로 보내는 것이다. 이런 기계는 고분자가 아니라 기계적, 전자적 요소에 토대한 새로운 생명 형태가 될 것이다. 그리고 이것들이 결국 DNA에 토대한 생명체를 대체할 것이다. DNA가 초기 생명 형태를 대체했듯이.

우리가 은하를 탐험하다가 외계 생명체를 만날 가능성은 얼마나 될까? 지구에 생명이 출현한 시간 척도가 맞다면, 많은 별(항성)이 생명이 사는 행성을 거느려야 한다. 이런 항성계 중에는 지구보다 50억 년 먼저 태어난 것도 있을 것이다. 그러면 왜 은하에는 스스로 설계하는 기계적 또는 생물학적 생명체가 가득하지 않을까? 왜 그들은 지구에 찾아오지도 않고 이곳을 개척하지도 않았을까? 나는 UFO에 우주인이 타고 있다는 견해를 믿지 않는다. 외계인이 찾아온다면 그렇게 비밀스럽게 오지 않을 것이고, 또 아마도 훨씬 더 불쾌한 형태일 거라고 생각하기 때문이다.

어쨌건 왜 아직까지 우리를 찾아온 외계인이 없을까? 어쩌면 생명이 자발적으로 생겨날 확률이 너무 낮아서 지구는 은하계에서—아니면 관측 가능한 우주에서—유일하게 그 일이 일어난 곳인지도 모른다. 또 다른 가능성은 세포 같은 자기 복제 시스템을 만들었을 가능성은 있지만, 이런 생명체 대부분이 지능까지 발전시키지는 못했다는 것이다. 우리는 진화가 계속되면 자연히 지적 생명체가 태어난다고 생각하지만, 만약 그렇지 않다면? 진화란 임의적 과정이고, 지능이란 무수한 가능성 중 하나일 뿐이라면?

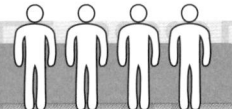

지능이 장기적 관점에서 생존에 유리한지도 분명하지 않다. 세균을 비롯한 여러 단세포 유기체들은 지구의 생명이 인간의 행동으로 멸종된다 해도 생존할 가능성이 있다. 아마도 지능은 진화 연대기에서 지구 생명의 특이한 발전이었을 것이다. 단세포 생명체에서 다세포 생명체로 가는 데 25억 년이라는 아주 오랜 시간이 걸렸고, 지적 생명체가 나타나려면 다세포 생명체가 반드시 선행해야 하기 때문이다. 이것은 태양이 폭발하기 전 생명에 유리한 상태를 유지하는 전체 시간을 상당 부분 차지하고, 그래서 생명이 지능을 발전시킬 가능성이 낮다는 가정과 들어맞는다. 이 경우에 우리는 은하에서 다른 생명 형태를 많이 발견할 수 있을지는 모르지만 지적 생명체를 찾기는 어려울 것이다.

생명이 지능 단계로 발전하지 못하는 이유 중 하나로, 소행성이나 혜성과 행성의 충돌로 추측해 볼 수 있다. 이런 충돌 주기는 정확히 알 수 없지만, 평균 2천만 년에 한 번 정도로 여겨진다. 이 수치가 맞다면 지구에 지적 생명체가 발전한 것은 지난 6700만 년 동안 거대한 충돌이 없던 행운 때문일 것이다. 은하의 다른 행성들에 생명체가 발전했다 해도 지적 존재까지 진화해 나갈 만큼 '충돌 없는 시기'가 길지 못했을 수도 있다.

세 번째 가능성은 생명이 만들어지고 지적 존재로 진화할 합리적인 가능성이 있지만, 시스템이 불안정해져서 지적 생명체가 스스로를 파괴한다는 것이다. 너무도 비관적인 결론이라서 나는 이것이 사실이 아니기를 바란다.

마지막 네 번째 가능성은 내가 선호하는것으로, 우주에는 다른 지적 생명체가 있지만 우리를 무시하고 있다는 것이다. SETI—외계 지능 생명체 탐사—라는 프로젝트가 있었다. 무선 주파수를 살펴서 외계 문명에서 오는 신호를 잡으려는 것이었다. 하지만 우리가 더 많이 발전할 때까지는 거기 함부로 답을 해선 안 된다! 현재 상태에서 더 발전한 문명을 만나면 아메리카 원주민이 콜럼버스를 만나는 것과 비슷할 수도 있다. 원주민에게는 그것이 결코 좋은 일이 아니었다!

스티븐 호킹

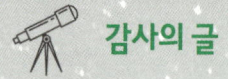 **감사의 글**

이 시리즈의 다른 책과 마찬가지로, 《조지와 풀 수 없는 암호》는 많은 과학자와 기술 전문가들의 의욕과 열정으로 태어날 수 있었습니다. 추상적이고 난해한 첨단 이론들을 어린이와 청소년 독자들이 이해할 수 있게 만들어 준 마이클 리스 교수, 피터 매코윈 교수, 레이먼드 라플람 박사, 팀 프리스티지 박사, 스튜어트 랭킨 박사, 토비 블렌치 박사께 감사드립니다. 스티븐 호킹 교수도 당연히 포함됩니다.

특히 〈스티븐 호킹의 우주 과학 동화〉 시리즈에 오랫동안 도움을 준 스튜어트 랭킨 박사는 컴퓨팅에 대해 유익한 글을 써 주고, 이 책 전체에 대해 조언해 주었지요. 토비 블렌치 박사는 화학적인 내용에 조언과 애니의 중간 방학 숙제를 써 주었습니다. 온라인 천문학회의 앨러스테어 리스는 천문학 내용에 조언을, IT 전문가 돈 맨서는 안전한 인터넷 사용법을 써 주었습니다.

《조지와 풀 수 없는 암호》의 초고를 읽고 큰 도움이 되는 평가를 해 준 어린 독자, 마리나 매크리디, 제이미 로스, 프랜세스카 번, 롤라와 애멀리 메이어에게도 감사드립니다.

개리 파슨스는 등장인물과 스토리가 매력적이고 생기 넘치는 그림으로 태어나게 해 주었습니다. 우주의 양자 컴퓨터를 그리는 어려운 일을 멋지게 해 준 개리에게 진심으로 감사합니다!

랜덤하우스 어린이 팀은 조지와 함께 여러 번 우주여행을 했고, 아름다운 책을 만들어 주었습니다. 루스 놀스와 수 쿡 같은 편집자들과 일한 것은 큰 기쁨이었고, 애니 이턴과 팀원들은 우리에게 우주를 멋지게 탐험할 기회를 주었습니다.

내 출판 대리인으로 일하는 클레어 패터슨과 레베카 카터가 이 시리즈에 많은 노고를 기울여 준 것, 그리고 커스티 고든이 이렇게 복잡한 계획을 멋지게 성공해 준 것에 감사드립니다.

새로운 조지 이야기가 나온다는 소식에 관심과 기대를 보여 준 독자들에게 감사드립니다! 이 시리즈는 세 권으로 예정되어 있었으나 새 책이 나왔습니다. 우리와 함께한 여행에 감사드립니다. 우주는 광대하고 아직도 발견할 것이 많습니다. 멋진 공저자이자 아버지인 스티븐 호킹의 말대로 항상 호기심을 잃지 마세요!

루시 호킹

 **옮긴이의 글**

애니와 조지가 새로운 우주여행을 떠났습니다. 처음에는 우주에서 물이 있는 곳을 찾아 목성의 위성인 엔켈라두스에 갔지요. 엔켈라두스는 화산이 검은 하늘 위로 얼음을 뿜어내는 환상적인 곳이었지만, 무언가 심상치 않은 기미가 있었습니다.

두 친구는 우여곡절 끝에 지구로 돌아왔지만, 지구의 사정은 더 급박했습니다. 온 세상이 완전한 무질서 속에 빠져들고 있었으니까요. 조지와 애니는 자신들만이 그 문제를 해결할 수 있다는 걸 깨닫고, 다시 한 번 우주의 문을 열고 나갔습니다. 그리고 전혀 예기치 못한 곳으로 가서 상상도 못하던 것에 맞닥뜨리게 되었죠.

존재하면서 존재하지 않는 것 같은 그 우주 공간에서 애니와 조지는 이전과 달리 우주 과학뿐 아니라 다른 많은 첨단 과학에 대해서도 생각해 볼 기회를 얻습니다.

독자 여러분도 애니와 조지의 아슬아슬한 모험에 함께 하면서 생명, 컴퓨터, 로봇 등 여러 분야의 흥미진진한 과학을 접할 수 있었을 것입니다. 아직 쉽게 이해되지 않는 부분들도 있겠지만, 과학이 여러 방면에서 얼마나 재미난 연구들을 많이 하고 있는지 얼마간 맛볼 수 있었을 거예요.

저는 그 중에서도 암호 해독과 생명 과학을 다룬 내용이 특히 흥미로웠습니다. 마지막에 스티븐 호킹 박사가 쓴 '우주의 생명'에 대한 글은 생명과 인류의 발전을 새로운 시각으로 볼 수 있게 해 주어서 좋았고요.

그런데 우리의 주인공 조지는 이런 여러 가지 배움을 얻는 가운데 또 한 가지 중요한 깨달음도 얻은 것 같습니다. 과학은 너무도 흥미롭고 매혹적이라서 거기 몰두하다 보면 때로는 그 목적을 잊고 과학만 숭배하게 될 때도 있습니다. 하지만 인간미를 잃은 과학은 아무리 발전해도 소용이 없다는 걸 조지는 마음 깊이 느끼게 되지요.

조지가 과학적 지식뿐 아니라 감성 능력도 한 뼘 더 키우는 이번 이야기가 여러분의 머리와 심장을 모두 두드리는 즐거운 자극이 되기를 바랍니다.

고정아

옮긴이 **고정아**

서울에서 태어나 연세대학교 영문학과를 졸업하고 번역가로 활동하고 있다. 어린이책과 문학작품을 주로 번역하며, 2012년 제6회 유영번역상을 수상했다. 옮긴 책으로는 《머니 트리》, 《클래식 음악의 괴짜들 1,2》, 《손힐》, 《진짜 친구》, 《전망 좋은 방》, 《내 책상 위의 천사 1, 2》, 《천국의 작은 새》, 《히든 피겨스》, 《로켓 걸스》 등이 있다.

스티븐 호킹의 우주 과학 동화
조지와 풀 수 없는 암호 ②

초판 1쇄 발행 2018년 9월 28일
초판 3쇄 발행 2022년 8월 20일

지은이 루시 & 스티븐 호킹 | **옮긴이** 고정아

발행인 양원석 | **발행처** (주)알에이치코리아
출판등록 2004년 1월 15일 제2-3726호
주소 08588 서울시 금천구 가산디지털2로 53, 20층(한라시그마밸리)
편집 문의 02-6443-8921 | **도서 문의** 02-6443-8800

ISBN 978-89-255-6459-3 (74840)

홈페이지 www.rhk.co.kr
블로그 blog.naver.com/randomhouse1 | **포스트** post.naver.com/junior_rhk
인스타그램 @junior_rhk | **페이스북** facebook.com/rhk.co.kr

제조자명 (주)알에이치코리아 | 제조국명 대한민국 | 사용연령 8세 이상
※ 종이에 손이 베이거나 모서리에 다치지 않게 주의하세요.
※ 잘못 만들어진 책은 구입하신 곳에서 바꾸어 드립니다.